LEWANDOWSKI / REICHERT · DER 2 CV DAS GROSSE ENTENBUCH

Jürgen Lewandowski / Nikolaus Reichert

Der 2 CV
Das große Enten-Buch

Motorbuch Verlag Stuttgart

Einbandgestaltung: Siegfried Horn
Fotos: Jürgen Lewandowski, Nikolaus Reichert, Archiv Lewandowski

ISBN 3-87943-984-2

3. Auflage 1988

Copyright © by Motorbuch Verlag, Postfach 1370, 7000 Stuttgart 1
Eine Abteilung des Buch- und Verlagshauses Paul Pietsch GmbH & Co. KG.
Sämtliche Rechte der Verbreitung – in jeglicher Form und Technik – sind vorbehalten.
Satz und Druck: Druckerei Röhm, 7032 Sindelfingen
Buchbinderische Verarbeitung: Großbuchbinderei E. Riethmüller, 7000 Stuttgart 1
Printed in Germany

Inhalt

Vorwort	6
Einführung	7
Die Väter des 2 CV	10
Die Geschichte des 2 CV	11
Ein Entenherz boxt sich durch	21
Das wankende Wunder	23
Fernreisen	25
Die drei Fernrallies	35
Le Raid Afrique 1973	47
4 x 4 Sahara	52
Entfesselte Enten	61
Technische Daten	76
Ein kulturelles Phänomen	113
Clubadressen	124
Enten aus aller Welt	130
Karikaturen	144
Gauloise-Enten	154
Die Dragster-Ente	160
Basteleien	162
Wasserschlacht im Enten-Teich	164
Die letzte Seite	169

Vorwort

Die Verfasser danken der Presseabteilung von Citroën-Deutschland, die auch bei zeitraubenden und problematischen Wünschen nicht die Geduld verlor. Ulrike Müller half bei Übersetzungen aus dem Französischen und BUGATTI wird uns bestimmt einmal erklären, was ein »frischwärtser Hans Moser« ist.

Bleibt noch ein Dankeschön an unsere Frauen Monika und France, die das Thema »2 CV« nun längere Zeit nicht mehr hören müssen.

Die Autoren

Einführung

Ich denke mir oft etwas.

Ich lasse den Mario Simmel mit Peter Handke zusammenziehen. Auf ein Loire-Schloß vielleicht oder besser noch in den Süden Frankreichs, wo Curd Jürgens einmal Rosen züchten ließ.

Ja, in dieses Haus ziehen diese beiden Menschen und schreiben dann noch bis zu ihrem Lebensende 15 Romane und 27 Gedichtsbände. Unter dem Namen Mario Peter Hammel. Nach dem Verscheiden des einen Partners schreibt Simmel wieder unter seinem eigenen Namen noch 12 Romane und 84 Briefe, von denen noch mehr verkauft werden als zur Handke-Simmel-Zeit.

Alles denke ich mir fein zusammen, und oft gefallen mir diese Kombinationen sehr, bin aber froh, daß die Welt es nicht erleben muß.

Oder: Yoko Ono heiratet in Holland Hildegard Knef, beide ziehen nach Neuseeland, werden Nachbarn von Friedrich Hundertwasser und Liselotte Pulver. Noch im selben Jahr adoptieren sie zwei Schweizer Kinder.

All das geht leicht, denn über Geschmack kann man bekanntlich streiten, aber über den Stil sicher nicht. Das heißt, wenn es im Kopf weh tut, dann gleichmäßig über das Ganze – oder überhaupt nicht. Also nie stillos.

Wenn also Autofirmen andere Autofirmen heiraten, tut es mir weniger weh, als wenn zum Beispiel Mothercare 60 Prozent von Ford Deutschland besitzt. Sie verstehen mich?

Wenn nun eine Autofirma eine zweite ehelicht, und mit einer dritten ein Verhältnis hat, ist das vielleicht traurig, aber halt notwendig. Sie haben dann eben alle drei den gleichen Motor. Die Druckknöpfe für die elektrischen Scheibenheber werden gemeinsam eingekauft und zwischen ihren hübschen Rädern tragen sie das gleiche Getriebe.

So.

In einer nicht zu großen Autofabrik in Frankreich werden seit vielen Jahrzehnten Autos gemacht, die als allgemein fortschrittlich, für viele als zu futuristisch oder gar als verrückt, aber auf alle Fälle als ausgefallen gelten. Diese Fabrik ist glücklich, oft ein wenig stolz und eingebildet, aber vielleicht nicht gerade allzugut im Rechnen.

Ihre Kinder gereichten dem Bauern, sowie dem damals noch anerkannten Stand der Architekten genau so zur Freude und alles war gut so. Diese Firma dachte damals noch nicht an eine Heirat, nur vorm Schlafengehen bewunderte sie sich selbst ein wenig im Spiegel und schlief dann ruhig und getrost ein. So schenkte sie aber doch mehreren Töchtern und Söhnen das Leben.

Diese fanden bei Männern und Damen natürlich viel Gegenliebe. Es waren oft schöne und verrückte Wesen. Sie konnten oft Dinge, von der die Konkurrenz nur träumte. Sie wackelten mit den Hüften, konnten mit den Augen kullern, sich selbst in die Höhe heben und selbst

bei größter Last den Abstand zur Straße wahren. Man fühlte sich bei und in ihnen.

Eines ihrer Kinder war ihr aus dem Kopf entsprungen, es hieß 2 CV und war das Aschenbrödel unter den Geschwistern, half da und half dort, aber beim Essen und Trinken wurde ihm Bescheidenheit auferlegt. Man mußte sich in ihm selbst mit Zylinder wohlfühlen, und selbst bei ruppigstem Verkehr auf Feldwegen oder frisch gepflügten Äckern mußte man sich darauf verlassen können, daß selbst rohen Eiern nichts Arges widerfuhr.

Es war kein Kind der Liebe, es war ein Kind des Verstandes. Es diente und schuftete und plagte sich ab den ganzen lieben Tag. Seine Kleidung war grau, und wenn es nicht den gleichen Familiennamen hätte tragen dürfen, könnte man ruhig von einem kleinen, dünnbeinigen Sklaven sprechen.

Aber mit der Zeit sprach man nicht mehr allzu viel von dieser Mutter und ihren Kindern. Sie galten als leicht verrückt exzentrisch und nicht ganz billig in der Erhaltung. Nur unser häßliches Entlein plagte und rackerte sich jeden Tag von neuem ab, und als Dank gab es gar nicht selten Hohn und Frotzelei.

Damals kam ein neuer Stand der Schreiber auf. Die Motorjournalisten. Sie wurden immer mächtiger und mächtiger. Einige gehörten sogar einer Auto-Jury an. Denen wurde nur mehr der rote Teppich gelegt, wo immer sie gingen und fuhren. Sie lebten in feinen Hotels, wenn sie auf Reisen waren, und das waren sie oft.

Sie waren also immer seltener zu Hause und legten auf die Schönheit ihrer eigenen vier Wände immer weniger wert. Dafür aber begann sich ihr Gewissen, was die anderen Dinge des Lebens berührt, immer mehr zu regen.

Sie schrieben in ihren Zeitungen über Funktion und Schönheit unserer Autos Dinge, die man mit ihrem eigenen Lebensstil beim besten Willen nicht mehr in Verbindung bringen konnte.

Unser Entlein wurde von nun an von ihnen als unzeitgemäß, sicherheitsfeindlich oder gar als verkehrsbehindernd bezeichnet. Nun wurde es zum Dinosaurier. Sie ärgerten sich auch über andere Autos sowie futuristische Armaturenbretter. Vor allem über das Fehlen von Rundinstrumenten. Über das ungewöhnliche Äußere des Kofferraumes, und man vergaß allmählich, daß viele dieser Menschen, die solches schrieben, daheim oft hausten ohne Geschmack und Stil. Aber die Abhängigkeit der Autofirmen von solchen Menschen blieb und blieb und niemand konnte daran viel ändern.

Die hübschen Töchter unserer lieben Firma wurden verbessert und verbessert, was ja noch nicht so übel gewesen wäre. Sie wurden aber auch durch neue Töchter ersetzt. Neue Mädeln, über die man rätseln konnte, wo eigentlich ihre Vorzüge lagen. Bald wußte man es: Einige Liter mehr Kofferraum. Der Knieraum hinten um einen halben Zentimeter länger. Und erst die Handgriffe. Für sie mußte ein neues Auto dazwischen hineingebaut werden. Der Cw-Wert muß hier an dieser Stelle natürlich auch besonders hervorgehoben werden.

In dem neuen Geschöpf fühlte man sich aber trotzdem mehr eingeengt, und der Schweiß stand einem früher auf der Stirn als vorher. Aber dafür die Rundinstrumente, sie bekamen großes Lob und wie gesagt die Kniefreiheit. So verlor unser häßliches Entlein seine große Lieblingsschwester.

Die Firma bekam aber nicht nur Lob und Tadel von den Journalisten, sondern auch Ratschläge von anderen Firmen. Aus dem Süden lieferten Fachleute den italienischen Charme ab, aus dem Nordosten die rotierende Gründlichkeit und mit der Zeit kam es wie es halt kommen mußte. Die Töchter wurden hübscher und schicker und konnten es bald mit jeder Vorstadtschönheit aufnehmen. Menschen heirateten sie, von denen man früher nie angenommen hätte, sich jemals mit einer Citrone einzulassen.

Und damit nichts gegen Bankbeamte oder Gemeindebauten.

Nur das kleine fleißige häßliche Entlein aus dieser Familie wurde übersehen. Man mußte es übersehen, denn man konnte ja dem Stil nicht beikommen.

Es versuchten zwar tollkühne Designer noch durch rechteckige Lampen, bunte Streifen zum Teil mit Aufschriften, Zwei- und Dreifärbigkeit oder durch Sonnendächlein das arme Wesen zu verunstalten. Bis jetzt hat das arme Ding es durchgestanden.

Dieser kleine unscheinbare Dinosaurier.

Als Hauptauto dient uns seit sieben Jahren ein 2 CV. Zur Freude. Trotz leichter Kreuzschmerzen hie und da und ganz zart beginnender Schwerhörigkeit.

Ich mag ihn einfach.

Ich finde, er ist ein nicht sehr schönes, aber gutes Auto. Der 2 CV hat den Charme eines Komikers, wenn er privat ist.

Ich hätte keinen frischwärtsen Hans Moser mögen.

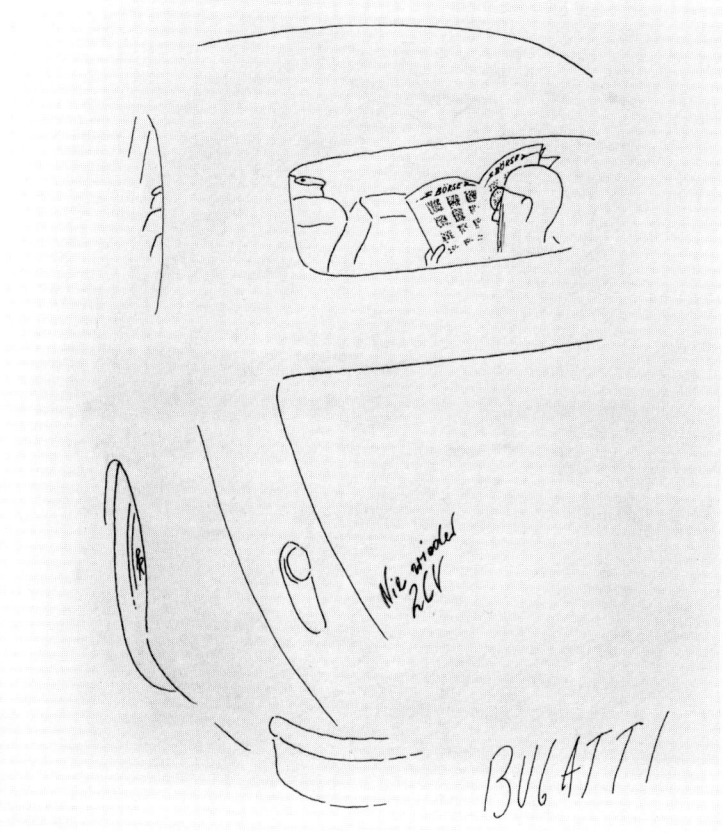

Bugatti, 44, ist freischaffender Zeichner und Maler und lebt mit seiner Familie am Stadtrand Wiens.

Neben seiner Liebe zur Kunst gilt seine Aufmerksamkeit den Segelbooten, Klavieren, Motorrädern, Dackeln, schönen Frauen und Automobilen.

Zusätzlich zu seinem 2 CV und Velo-Solex würden ein Saab 96 und ein Porsche 911 SC in seine Einfahrt passen.

Die Väter des 2 CV

Pierre Boulanger

André Lefébvre

Die Geschichte des 2 CV

Es gibt in der Geschichte der Automobile ein paar Exemplare, die zu Millionensellern geworden sind: Das »T«-Modell von Ford, den Käfer, den R 4 und den 2 CV. Es sind dies alles Fahrzeuge, die über den profanen Zweck, Menschen und ihr Gepäck über Distanzen zu befördern, hinausgewachsen sind – und zudem noch zu Automobilen einer klassenlosen Gesellschaft avancierten.

Natürlich haben diese Wagen auch zu allen Zeiten ihre Spitznamen gehabt, und gerade hier kann der 2 CV auf eine besonders breite Palette stolz sein: »Die häßliche Ente«, oder einfacher »Ente« – bei den Amerikanern wird sie oft »Blue Jeans Car« genannt, im Süden Europas bekommt sie den Namen »Citronetta« zu hören, am bekanntesten bleibt jedoch der Name 2 CV oder »Deux Chevaux«.

Dieser schlichte Name, der nichts anderes als die fiskalische Einschätzung – 2 CV eben – angibt, ist bemerkenswert unprätentiös, keine Angabe mit dem Hubraum oder der Leistung, er ist direkt und ohne Angabe. Kein Wunder, daß die große Schar seiner Verehrer, die auch zumeist einer übertriebenen Selbstdarstellung kritisch gegenüberstehen, rasch ans Herz gewachsen ist.

Diese ungewöhnliche Einstellung zeigt sich auch in der Selbstdarstellung: Der 2 CV wirbt nicht mit besonderen Attributen wie Geschwindigkeit oder besonderem Luxus, sondern mit dem, was er nicht ist: Ein großer Ben-

zinsäufer, teuer, kompliziert. So ist es denn kein Wunder, daß sich jeder Käufer zumindest über eines im Klaren ist: Er hat etwas Spezielles gekauft; ein Automobil, das sich mit keinem anderen vergleichen läßt. Der 2 CV hebt sich völlig von dem ab, was normalerweise auf dem Markt angeboten wird: Er hat seit seiner Geburt im Jahre 1936 seine Form nur in Details geändert, keine Mode hat ihn beeinflußt (eher noch hat er andere Fahrzeuge geprägt), die Arbeiten ganzer Designer-Generationen sind an ihm abgeprallt – oder gibt es sonst noch ein Automobil, bei dem die Scheinwerfer stolz auf dem Kotflügel getragen werden?

Der 2 CV ist nie ein Modeartikel gewesen – und vielleicht hat er deshalb noch heute so einen Einfluß auf unsere Betrachtungsweise Automobilen gegenüber. Er wurde vor nahezu 50 Jahren konstruiert, um nur einen Zweck zu erfüllen: Zu einem möglichst günstigen Preis möglichst viele Personen und deren Gepäck möglichst komfortabel möglichst weit zu befördern.

Schlichte Sitze, schlichtes Lenkrad: Der 2 CV Prototyp.

Ohne Türverkleidung, mit einem Scheinwerfer und mit Anlasserkurbel – der erste 2 CV war spartanisch.

Vielleicht ist es gerade diese eigentlich nahezu unlösbare Aufgabe gewesen, die es letztlich gesehen nur zwei Firmen ermöglicht hat, Lösungen zu finden, die auch heute noch Gültigkeit haben: VW mit dem Käfer und Citroën mit dem 2 CV. Beide verkaufen sich heute noch wie eh und je, und beide haben ihren Fahrern stets das Gefühl gegeben, mehr als nur Auto zu fahren – hier kann jeder seiner Philosophie huldigen.

Es ist ein »way of life«, 2 CV zu fahren, und wer dem 2 CV einmal verfallen ist, der wird ihn ein Leben lang behalten – und wenn er als Zweitwagen der Lebensgefährtin im Hause bleibt.

Wie hat es der 2 CV nun geschafft, als ein selbständiger und unverzichtbarer Bestandteil in unser Frankreichbild aufgenommen zu werden? Neben der Marsaillaise und dem Camembert, neben dem vin rouge und dem Eiffelturm, neben Napoleon und den Impressionisten?

Wer aufs Land kommt, wird immer wieder älteren Pensionären begegnen, die mit ihrem 2 CV in den nächsten Marktflecken fahren; er wird jungen Leuten begegnen, die mit ihrer »Ente«, mit herabgerolltem Dach, den ersten Schritt in ihre automobile Zukunft machen; er wird dynamischen Mitt-Dreißigern begegnen, die mit fröhlicher Miene ins Geschäft rollen, und jungen Müttern, die ihre Kleinen vor Kindergärten und Schulen abladen – und er wird gewichtige Männer treffen, die mit Hilfe ihres 2 CV ihren Lebensunterhalt bestreiten.

Begonnen hatte dieses Unikum seinen Lebensweg als Wunsch des Generaldirektors von Citroën, Pierre Boulanger. Er wollte ein schlichtes und einfaches Automobil für die Landbevölkerung – es gibt sogar das Gerücht, Boulanger hätte zur Maxime gemacht, daß eine Kiste Eier im Kofferraum unbeschädigt den nächsten Markt erreichen sollte.

Die ersten Prototypen, die zwischen 1936 und 1939 die Bewährungsprobe bestehen mußten, waren diesem gesuchten Ideal bereits so nahe, daß die ersten Serienmodelle, die 1948 auf dem Pariser Automobilsalon zu sehen waren, sich nur in Details von dem Entwurf der 30er Jahre unterschieden. 250 Prototypen wurden damals gebaut – einer hat überlebt.

An ihm kann man noch sehen, was sich die Konstrukteure ursprünglich vorgestellt haben: Einen wassergekühlten Zweizylinder mit 375 ccm Hubraum und acht PS Leistung. Angeworfen werden mußte er mit einer fest installierten Handkurbel, und das Dreigang-Getriebe war unsynchronisiert. Den Fahrer erwartete aber noch mehr Ungemach: Bei Regen hatte er den einzigen Scheibenwischer von Hand zu bedienen, und zur Ausleuchtung der Straße hatten ihm die Konstrukteure eine einzige Lampe spendiert. Die Karosserie selbst war aus Duralinox gebaut, während man für die Türen und Kotflügel zu gepreßtem Stahl gegriffen hatte.

Pierre Boulanger hatte also den von ihm geforderten »Regenschirm mit vier daran befestigten Rädern« bekommen, der vier Personen mit 50 Kilogramm Gepäck und 50 km/h und maximalem Komfort befördern konnte. Den von ihm geforderten Eier-Test bestand der 2 CV ebenfalls, und die geforderte Geräumigkeit prüfte er, indem er die 1:1-Modelle mit einem Hut auf dem Kopf bestieg – fiel der Hut, war auch das Auto durchgefallen.

Im Mai 1939 war dann der endgültige Typ fertig, aber der Krieg verhinderte die Einführung auf dem Markt.

Bereits bei diesem ersten Modell war das Markenzeichen des 2 CV montiert: Das bis zum Nummernschild herunterrollbare Dach – und vier Türen besaß er auch, auch wenn sich die Beifahrer- und die hinteren Türen nur von innen öffnen ließen. Ursprünglich war auch noch ein Seilzugstarter montiert, der allerdings – nachdem sich eine Sekretärin beim Startversuch den Finger gebrochen hatte – gegen die bereits erwähnte Kurbel ausgetauscht wurde. Die Vorderräder wurden durch eine hydraulisch betätigte Fußbremse, die Hinterräder durch eine mechanische Handbremse gestoppt.

Besondere Aufmerksamkeit wurde jedoch der Aufhängung gewidmet, hatte man doch den ominösen Eier-Test zu bestehen. Die gefundene Lösung war ebenso einfach wie bestechend: Das Leichtmetall-Chassis war mit den Rädern durch unabhängig voneinander wirkende Schwingarme aus Magnesium verbunden, die auf je vier Torsionsstäbe auf jeder Seite wirkten. Stoßdämpfer waren ursprünglich nicht vorgesehen, werden jedoch heute montiert.

Während des Krieges wurde an dem 2 CV weiterentwickelt – er bekam einen zweiten Scheinwerfer, einen elektrischen Starter, einen luftgekühlten Motor und die Trägheitsdämpfer, die er bis heute beibehalten hat.

Am 6. Oktober 1948 durfte er sich dann auch offiziell sehen lassen: Pierre Boulanger enthüllte den 2 CV auf dem Pariser Autosalon vor den Augen von Vincent Au-

Premiere auf dem Pariser-Autosalon 1948: Der erste Serien-2 CV löste ein zwiespältiges Echo aus – die Journalisten erklärten ihn zur »Badewanne des Jahrhunderts«, das Publikum liebte ihn auf Anhieb.

riol, dem Präsidenten der französischen Republik. Das Echo war zwiespältig: Während die einen die Schlichtheit akzeptierten, machten sich die meisten Gäste über diesen Wagen nur lustig – man erklärte ihn zur »Badewanne des Jahrhunderts«, fragte die Citroën-Leute, wo denn der Büchsenöffner montiert sei und beschied ihm sofort einen grandiosen Mißerfolg. Ein Jahr später hatte der 2 CV sechs Jahre Lieferfrist und wurde – bis 1959 übrigens! – nur in Grau an eine stetig wachsende Käuferschar verkauft.

Er durfte nach zehn Produktionsjahren aber nicht nur seine Farbe wechseln, er wurde auch im Laufe der Jahre einer stetigen Modellpflege unterzogen: 1950 wanderte das Zündschloß ans Armaturenbrett und 1951 kam die Fourgonnette – der kleine Kombi. 1952 wurden die Felgen gelb gestrichen und ein Jahr später bekam der Ventilator vier statt der bisherigen drei Flügel.

Und so ging es Jahr für Jahr weiter: 13,5 PS gab es 1961 und 1963 gar 18 PS (SAE-Werte), die der Ente zu 95 km/h Höchstgeschwindigkeit verhalfen. 1964 wurden die Türen endlich vorne angeschlagen – zum Leidwesen der Franzosen, die sich nur schwer an diese Neuerung gewöhnen konnten. 1965 gab es hinten hydraulische Stoßdämpfer, und 1969 schlug die Stunde des zweiten Rücklichts. Im Jahr darauf wuchs die Leistung ins nahezu Unfaßbare: Der 597 ccm Motor lieferte 28 PS – die Leistung aus den Anfangstagen hatte sich verdreifacht. Zum 25. Geburtstag gab es dann 1973 eine noblere Innenausstattung und ein gepolstertes Lenkrad und neue Farben für die Außenhaut.

Im Jahr darauf glaubte sich ein Stylist mit rechteckigen Scheinwerfern profilieren zu müssen und 1976 wurde die Leistung wieder auf 25 PS reduziert. 1978 gab es dann wieder mehr Leistung: 31 PS erfreuten den 2 CV-Käufer – und 1980 gab es einen Benzintank aus Plastik.

Und es sieht so aus, als ob der 2 CV auch in der Zukunft noch manche Veränderung über sich ergehen lassen muß – mal etwas mehr Leistung, mal etwas weniger. Und das eine Teil wird durch ein anderes ersetzt werden, und die Farben werden ebenfalls wechseln. Aber eines ist sicher: Seinen Charme wird er nicht verlieren – dafür war bereits der erste Prototyp zu gut und zu eigenständig.

»Charleston«, die letzte 2 CV-Variante (oben) und eine Einsendung zum »auto motor + sport«-Wettbewerb: »So sieht der 2 CV von morgen aus« (rechts).

DER 2 CV BEGEISTERT DEN MAHARADSCHA KUMAR VON SIKKIM

Nachdem der ungeheuer strenge Winter im Himalaya etwas milder geworden war und die Wege und Pisten sich unter dem Schnee abzeichneten, hat der Maharadscha Kumar von Sikkim, einem kleinen Fürstentum im Herzen Asiens, Anfang 1958 durch seine Diener in großer Eile eine Expedition vorbereiten lassen. Der Grund dieses Unternehmens spielt keine Rolle. Die unvergleichliche Schönheit der Berge unter dem wolkenlosen Himmel, der märchenhafte Anblick des Eises am Rande der tiefen Schluchten beeindrucken den Maharadscha kaum. Er ist an diese Herrlichkeit des Landes gewöhnt, das an der Grenze von Tibet und Indien auf ca. 4000 Meter Höhe liegt. Der Prinz gönnt sich eine ganz seltene und originelle Freude. Sein neues Auto wird eingeweiht, ein 2 CV, den er der riesigen Limousine, die man ihm anbot, vorgezogen hat. Auf Straßen, die keine sind, die aber trotzdem irgendwie bis zu 5300 m Höhe klettern, ist es eine königliche Freude, komfortabel und ohne Gefahr in dem wendigen 2 CV zu fahren. Er ist dem ungewöhnlich harten Klima gewachsen und auch den primitiven Wegen, die durch den strengen Winter und Überschwemmungen des Tista-Flusses immer wieder stark beschädigt werden. Der 2 CV fährt in einem Land, wo das Benzin selten ist und zu Goldpreisen auf dem Rücken der Yaks hochgebracht wird.

DER 2 CV VERSETZT DEN PRÄSIDENTEN DER REPUBLIK INS STAUNEN

Am 7. Oktober 1948 bei der Eröffnung des Pariser Automobilsalons wird der 2 CV dem Präsidenten der Französischen Republik, den Ministern und Persönlichkeiten vorgestellt, die den höchsten Beamten des Staates begleiten. Der 2 CV erwartet sie auf seinem Stand unter einer Hülle versteckt, große Neugier erweckend. Es ist das erste Automobil, das die Firma Citroën seit dem berühmten Wagen mit Frontantrieb von 1934 präsentiert. Nun wird der 2 CV langsam enthüllt, und von allen Seiten hört man Ausrufe der Überraschung. Alles ist neu, sonderbar, eigentümlich an diesem Fahrzeug. Man ist irritiert durch seine Form, seine Innenausstattung, seine Konzeption. Jeder will die Biegsamkeit seiner außergewöhnlichen Federung erproben und den Komfort seiner ungewöhnlichen Sitze. Man erklärt dem erstaunten Staatsmann und seinen Begleitern Zweck und Aufgabe des 2 CV: Er soll für alle und für alles verwendbar sein. Viele sind durch seine Originalität betroffen, und man weiß noch nicht, daß dieses Pariser Debüt ein Ereignis von weltweiter Bedeutung ist, der Anfang eines unvergleichlichen Aufstiegs.

Am 15. Februar 1959 durchqueren Jacques Seguela und J.-C. Baudot mit ihrem 2 CV die Wüste von Atacama in Chile. Am 9. Oktober 1958 in Perpignan zur Weltreise gestartet, haben sie schon mehr als ein Viertel der Strecke zurückgelegt: 25 000 km in Afrika und Südamerika. Der 2 CV überwindet tapfer die »Wellblechpisten« der Wüste, als plötzlich der Motor ein fürchterlich kratzendes Geräusch von sich gibt. Die beiden Freunde halten an und betrachten sich den Umfang des Schadens: Kein Tropfen Öl mehr. Die Verschlußschraube der Ölwanne hatte sich durch die starken Erschütterungen gelöst. Sicherlich war sie beim Ölnachfüllen nicht richtig angezogen worden. Nun ist sie verloren gegangen. Die Reserve aus den Kanistern ist bereits verbraucht. Die zwei erschöpften Männer hoffen auf die ungewisse Hilfe eines ungewissen Lastwagens. Für sie hört die Weltreise hier auf, mitten in einer Wüste von 3000 km, die ab und zu durch Gräber ehemaliger Goldsucher markiert ist. Die finsteren Felsen am Horizont nehmen für die beiden verlassenen Reisenden un bedrohende Gestalten an. Aber da taucht plötzlich, wie vom Himmel gefallen, ein großer Indianer auf. Er nähert sich langsam und beobachtet schweigend die verzweifelten Gesichter der jungen Leute. Dann zieht er mehrere Bananen aus seinem Beutel, schält sie und steckt eine nach der anderen in die Ölwanne. Ausgerüstet mit diesem originellen Marschproviant, fährt der 2 CV sofort los ohne beunruhigendes Geräusch. Er legt 300 km sogar ohne Zwischenfall zurück. Seguela und Baudot können nun doch noch ihre Reise um die Welt beenden. Es war die erste Weltreise eines französischen Automobils. Der 2 CV hat auf dieser Fahrt 100 000 km zurückgelegt.

DER 2 CV DURCH BANANEN AUS DER WÜSTE GERETTET

Zwei junge Forschungsreisende aus Lyon, Jacques Cornet und Henri Lochon, haben im 2 CV die Verbindung von Kanada nach Kap Horn hergestellt. Auf der Hochebene Boliviens – zwei Drittel der Reise sind bereits zurückgelegt – versuchen sie kurz entschlossen, einen neuen Höhenrekord für Automobile aufzustellen. Sie befinden sich schon in einer Höhe von ca. 4000 m, wo der Mangel an Sauerstoff die menschlichen Bewegungen lähmt und den Lauf des Motors hemmt. Für die beiden wagemutigen Reisenden spielt das keine Rolle. Sie sind jung, das Unmögliche lockt sie. Mit dem tapferen 2 CV wollen sie den 5420 m hohen Riesen Chacaltaya bezwingen. Die Strecke beginnt sofort steil anzusteigen. Trotz des schlechten Weges bringt der 2 CV die Reisenden und ihr Gepäck langsam höher und höher hinauf. Bald überblicken sie die benachbarten Berge. Immer schwieriger wird die Fahrt. Lochon muß aussteigen, um den 2 CV zu erleichtern. Jacques Cornet fährt allein weiter, aber es reicht noch nicht. In der dünnen Luft atmet das Auto genau so schlecht wie der Fahrer. Cornet wirft nacheinander die Gepäckstücke auf den Weg. Lochon folgt zu Fuß, er hat nicht mehr die Kraft, das Gepäck aufzuheben. Sie nehmen es auf dem Rückweg wieder mit. Bald ist der Gipfel in Sicht. Noch ein paar Meter und er ist erreicht – mit einem Siegesruf von Cornet und einem langen Seufzer des 2 CV. Auf dem Chacaltaya ist der 2 CV das höchste Auto der Welt. Das war am 1. November 1953 um 11.05 Uhr morgens.

DER 2 CV SCHLÄGT DEN HÖHENREKORD

Nach 15jähriger Tätigkeit in Indochina muß Jacques Pochon-Davignon nach Frankreich zurückkehren und mit ihm seine Frau und vier Kinder im Alter von 3, 7, 11 und 14 Jahren. Ein Familienvater muß sich jeder Situation gewachsen zeigen. Jacques Pochon-Davignon unternimmt die lange Rückreise durch ganz Asien und Europa im 2 CV-Kastenwagen, der in Indochina hergestellt worden ist. Der 2 CV ist eingefahren, denn mit ihm hat er bereits 36 000 km auf den Straßen von Kambodscha zurückgelegt. Die ganze Familie nimmt also mit Sack und Pack im 2 CV Platz und die abenteuerliche Reise beginnt. Bis nach Benares gibt es nur schlechte Wege. Dichte Wälder, Dschungel, unendliche Wüsten, Höhen bis 3000 Meter wechseln sich ab. Der 2 CV bahnt sich unermüdlich seinen Weg. Bangkok, Singapur, Madras, Ceylon, Haiderabad: Mit Augen und Ohren lernen die Kinder Geographie aus erster Hand. Benares, die heilige Stadt Indiens, versetzt sie ins Staunen. Dann bewundern sie auch Teheran, Bagdad, Jerusalem, Beirut, Istanbul, Athen, Belgrad, Mailand, Genf, München, Stuttgart und Brüssel. Am 23. November 1960 sind sie in Vientiane in Laos abgefahren, 8 Monate später treffen sie in Paris ein. Trotz des schwierigen Weges und der turbulenten Ladung hat der 2 CV während der 38 000 km langen Reise kein einziges Mal versagt.

6 PERSONEN IM 2 CV VON LAOS NACH PARIS

Nie zuvor ist es so kalt wie im strengen Winter 1962/63 gewesen. Der Yssel-See, an dem gewöhnlich alle Vögel von Holland Unterschlupf finden, ist vollkommen zugefroren und mit Schnee bedeckt. Heftige Windstöße peitschen seine unbewegliche Oberfläche und knicken die Federn der vor Kälte erlahmten Vögel um. Der See bleibt starr in Erwartung eines neuen Lebens. Die Schwäne schleppen sich müde in langsamen Spaziergängen dahin, bei denen ihre Kräfte immer mehr schwinden. Durch das endlose Weiß der Landschaft getäuscht, verirren sie sich hilflos, zu einem grausamen Tod verurteilt. Aber die Holländer, die ihre großen Vögel lieben, überlassen sie nicht ihrem Schicksal. Hilfsaktionen werden organisiert: Jeden Tag bringen die 2 CV der »Straßenhilfe« (sie sind die einzigen, die ohne Schwierigkeiten auf dem Eis fahren können) das Futter für Schwäne und andere Vögel heran und fahren die am stärksten von der Kälte betroffenen Tiere in einen Unterschlupf. So schnell sie können, eilen die Vögel herbei, wenn sie den 2 CV in der Ferne erblicken. Um sie herum wirbelt eine Wolke von Schneeflocken. Man erzählt in Holland, daß in diesem Winter die Schwäne durch die »kleine Ente« gerettet wurden. »Kleine Ente« ist der Kosename, den die Holländer dem 2 CV gegeben haben.

DER 2 CV RETTET DIE SCHWÄNE VON YSSEL

Am 16. März 1959 verlassen 80 Autos aller Klassen Freudenstadt im Schwarzwald. Es ist der Start des »Caltex Economy Test«, ein internationaler Sparsamkeitswettbewerb, bei dem so wenig Benzin wie nur möglich verbraucht werden darf, ohne jedoch unter die festgelegte Grenze der Durchschnittsgeschwindigkeit zu kommen. Nur Serienfahrzeuge werden zugelassen. Jede Mannschaft wird von einem offiziellen Beobachter begleitet, der nachprüft, ob der Fahrer die Regeln einer normalen Fahrt einhält, z. B. daß er bei Talfahrten nicht den Motor abstellt, auskuppelt oder im Leerlauf fährt. Die 2000 km lange Strecke führt durch Deutschland, Frankreich, Luxemburg, Belgien, Holland, Dänemark, über die kurvenreichen, mit Schnee bedeckten Straßen der Vogesen und des Schwarzwaldes und durchquert mehrere große Ortschaften. Nach 5 Tagen erreichen nur ca. 30 Konkurrenten das Ziel in Kopenhagen ohne Strafpunkte. An der Spitze der 2 CV von Chaterre. Auf der ganzen Fahrt hat sein Durchschnitts-Verbrauch 3,75 Liter auf 100 km nicht überschritten. Das ist ein Sparsamkeitsrekord. Seit vielen Jahren sind viele 2 CV-Modelle jenem von Chaterre gefolgt und haben immer wieder bei Sparsamkeitswettbewerben den Sieg errungen.

DER 2 CV SCHLÄGT ALLE SPARSAMKEITSREKORDE

Der internationale Große Preis von Argentinien ist eines der härtesten Automobil-Rennen der Welt. Er wird durch Berg und Tal über ca. 5000 km ausgetragen. Dieser Wettbewerb stellt an Fahrer und Auto unaufhörlich die höchsten Anforderungen. Er führt über Straßen, die nur selten asphaltiert sind, wo der Staub die Sicht auf wenige Meter begrenzt, wo Steine, große Schlaglöcher, Bodenwellen, Querrinnen und Gräben gefährliche Hindernisse bilden. Durch die fürchterliche Hitze werden die Strapazen noch verschlimmert. Jedes Jahr werden unzählige Stoßdämpfer, Auspuffrohre und Bremsen verschlissen. Kühler explodieren, Motoren streiken. Vor Müdigkeit erschöpft, schlafen die Fahrer am Lenkrad ein und kommen von der Fahrbahn ab. Das Rennen von 1961 war besonders mörderisch: Von 207 Autos am Start erreichten nur 44 das Ziel. Unter ihnen befanden sich vier 2 CV aus argentinischer Produktion. Bescheiden präsentierten sie sich am Start, legten gelassen Kilometer um Kilometer zurück und beendeten das Rennen mit hervorragendem Erfolg (der 1. hatte 4437 km mit 76,20 km/h im Durchschnitt zurückgelegt, der 4. mit 74,26 km/h). Citroën war die einzige Marke, die alle Fahrzeuge ins Ziel brachte. Dort wo Sportwagen und GT-Wagen versagt hatten, hat der 2 CV wieder einmal den Beweis seiner Ausdauer, seiner Fahreigenschaften und seiner außergewöhnlichen Widerstandsfähigkeit geliefert.

DER 2 CV TRIUMPHIERT BEIM GROSSEN PREIS VON ARGENTINIEN

Ein Entenherz boxt sich durch

Was wäre die Ente ohne ihr Zweikammer-, pardon, Zweizylinderherz, das rauh aber herzlich, unverwüstlich und sparsam treu seine Kilometer abspult ohne zu murren und dabei immerhin stets aufs neue atemberaubende Höchstleistungen erbringt – zum Beispiel eine Höchstgeschwindigkeit von heutzutage sage und schreibe 115 km/h. Am Anfang, 1936/37, sah das noch ganz anders aus. Damals, als fast alle die Idee von Pierre Jules Boulanger (P.J.B.), ein Minimal-Auto nach Art des 2 CV auf die Räder zu stellen, noch für einen unsinnigen Spleen hielten und Probleme über Probleme das Projekt immer wieder verzögerten, zurückwarfen und unrealistisch erscheinen ließen.

Eines dieser Probleme war der Motor. Die allerersten Prototypen beflügelte 1937 ein luftgekühlter Zweizylinder-Boxermotor mit 500 ccm und 24 PS von BMW – ein Motorrad-Herz. Na prima, da war doch von Anfang an alles klar: zwei Zylinder, luftgekühlt, nur geringfügig weniger Hubraum als heute, Boxermotor und die Leistung war doch auch schon fast auf Gegenwartsniveau. Und immerhin war die Versuchsente auch damals schon über 100 km/h flink und wurde mit dem Spitznamen »Rasende Mikrobe« versehen.

Das liest sich gut und stimmt auch theoretisch alles, nur die Wirklichkeit sah in den Kindertagen der Ente ganz anders aus. Nach 1000 Versuchskilometern gab der BMW-Motor seinen Geist auf, und bei Citroën machte man sich Gedanken über die Entwicklung eines eigenen Motors. Die Ein-Zylinder-Idee wurde diskutiert, untersucht und verworfen. Ein wassergekühlter Zweizylinder mit 375 ccm und acht PS war der nächste Entwicklungsschritt.

Eine stattliche Anzahl totgeborener Kinder erblickte jetzt das Licht der Welt und beflügelte auch die erste Vorserie von 250 Enten, die 1938 ausschwärmte.

Erst 1944, drei Jahre nachdem Walter Becchia, ein sehr talentierter Ingenieur italienischer Abstammung, von Talbot zu Citroën wechselte, schlägt die eigentliche Geburtsstunde des heutigen Enten-Herzes. Eines Morgens erinnerte Pierre Boulanger seine Ingenieure nach Verlassen des Versuchsgeländes in La Ferté-Vidame –

Mit Wasserkühlung und acht PS: Das reichte für die geforderten 50 km/h.

etwa 130 km von Paris – daran, daß das Frostschutzproblem des kleinen wassergekühlten Boxers immer noch Sorgen bereitete.

Kurzentschlossen setzte sich Walter Becchia an das Reißbrett und zeichnete innerhalb einer Woche einen völlig neuen, luftgekühlten Boxermotor, der auch gebaut wurde. Wie sein wassergekühlter Vorgänger wies er einen Hubraum von 375 ccm bei einem Hub und einer Bohrung von jeweils 62 mm auf. Mit neun PS bei 3500 U/min war er allerdings eine ganze Pferdestärke kräfti-

21

ger und verlieh dem 2 CV eine Spitze von 65 km/h. Mit diesem Kraftpaket unter der Haube wurde die Ente dann schließlich 1948 nach zwölf Entwicklungsjahren auch dem ungläubig staunenden Publikum des Pariser Automobilsalons vorgestellt.

Neun PS aus 375 ccm: Der erste luftgekühlte 2 CV-Motor.

1955 gab's dann die erste Kraftspritze. Die Bohrung wuchs auf 66 Millimeter, der Hubraum auf 425 ccm und die Leistung auf 12 PS bei 3 500 U/min. Im November des gleichen Jahres wurde dann die ursprüngliche Verdichtung von 6,2:1 auf 7:1 erhöht. Nun lief der Vogel schon 75 km/h. Damit mußte er sich auch bis Oktober 1961 begnügen. Eine weitere Erhöhung der Verdichtung auf 7,5:1 und ein neuer Vergaser ließen das Maschinchen dann auf 13,5 PS bei 4000 U/min erstarken – 85 km/h waren jetzt locker möglich.

1963 ging es schon verdächtig nahe an die magische 100-km/h-Grenze heran: Mit 16,5 PS bei 4 200 U/min wurde eine Höchstgeschwindigkeit von 95 km/h erreicht – und dabei blieb's auch für die nächsten sieben Jahre. Erst 1970 tat sich wieder etwas Entscheidendes in punkto Entenkraft. In diesem Jahr teilte sich die Familie in Kraft-Enten (2 CV 6) und normales Federvieh (2 CV 4).

Das Innenleben des kleinen Enten-Herzens hatte sich verändert. Es gewann um bescheidene zehn ccm an Volumen, und die beiden Zylinder wurden auf 68,5 mm aufgebohrt, der Hub dagegen auf 59 mm zurückgenommen. Außerdem stand die Antriebsquelle nun unter mehr Streß: die Kompression wurde auf 8,5:1 erhöht. Resultat der Operation: 24 PS aus 435 ccm bei 6 750 U/min und zum ersten Mal eine dreistellige Spitze – 102 km/h verkündeten die offiziellen Angaben!

Noch acht Stundenkilometer schneller konnte es die Kraftente mit 602-ccm-Motor, der bei ebenfalls 6 750 U/min (Hub 70 mm/Bohrung 74 mm) 28,5 PS leistete. Im September 1975 wurden diesem starken Vogel dann allerdings die Flügel wieder gestutzt – Abgas-Bestimmungen zwangen dazu. Ein anderer Vergaser wurde montiert, die Motorleistung auf 26 PS bei 5 500 U/min zurückgenommen.

Genau drei Jahre später, im September 1978, durfte die Ente dann wieder tiefer durchatmen. Ein wiederum neuer Vergaser half ihr erneut auf die Sprünge, der 602-ccm-Motor gibt nun 29 PS bei 5 750 U/min ab, und seitdem liegt die Schnellflug-Leistung bei 115 km/h.

Das Enten-Herz hat sich auf diese Art und Weise nun 40 Jahre durchgeboxt, und sein Ende ist nicht abzusehen. Schließlich hat Citroën in Paris erst vor wenigen Jahren ein völlig neues, computergesteuertes Motorenwerk gebaut, in dem ausschließlich Zweizylinder-Boxermotoren fabriziert werden. Ebenso wie die Ente selbst gibt es wohl auch keinen Motor, der ein derart bewegtes Leben hinter sich und eine so rosige Zukunft vor sich hat. Von keinem anderen Motor kann man sagen, daß er im Laufe seines Lebens seine Leistung bisher mehr als verdreifacht und die Ente damit fast doppelt so schnell gemacht hat.

Das wankende Wunder

Und sie kippt doch nicht um! Obwohl die Ente nun schon seit über 35 Jahren zum mittlerweile vertrauten Straßenbild gehört, erntet sie immer wieder staunende, ängstliche und bewundernde Blicke. Verständlich, denn die oft furchterregende Schräglage läßt entweder akrobatische Fähigkeiten des Fahrzeuglenkers oder aber absolute Volltrunkenheit vermuten. Beides muß nicht zutreffen – sieht man einmal davon ab, daß 2 CV-Fahrer natürlich oft Meister ihres Fachs sind...

Die bemerkenswerte Schrägflugtauglichkeit der Ente ist vielmehr aus ihren Erbanlagen zu erklären, die bereits das Nesthäkchen von 1948 auszeichnete. Ihre vier Räder bewegen sich an langen, längs zur Fahrtrichtung liegenden Schwingen. So weit, so gut – weit weniger kultivierte automobile Fortbewegungsmittel haben ähnliche Konstruktionsmerkmale aufzuweisen.

Das »Wankende Wunder« hat jedoch folgende geheimnisvolle Erklärung: Entgegen allen anderen motorgetriebenen Feld-Wald-und-Wiesen-Vehikeln sind bei der Ente nicht die Räder einer Achse mit ihren Federn untereinander verbunden, sondern die Räder einer Spur – also das linke Vorderrad mit dem linken Hinterrad und (wenn man den Konstruktionszeichnungen Glauben schenken darf) das rechte Vorderrad mit dem rechten Hinterrad. Wie so viele andere Details der Ente gibt's das bei keinem anderen straßentauglichen Vogel der Welt!

Abgeguckt haben sich die Schöpfer der Ente diese sogenannte »Interaktionsfederung« von den Kutschenbauern, die das Prinzip der Längsfederung bereits vor der Epoche der stinkenden Motorwagen in wesentlich primitiverer Form einführten. Warum das Ganze? Weil bei der klassischen Form der Federung ohne Längsverbindung die Vorderräder unabhängig von den Hinterrädern das Hindernis in Form von Schlaglöchern, Bodenwellen oder Steinen überrollen und damit ein sogenannter »Galoppeffekt« erzielt wird – die Fahrzeuginsassen werden vor und zurück geworfen. Natürlich klingt das bei den mittlerweile bis ins feinste ausgetüftelten klassischen

Schlicht, einfach und genial: Das Fahrwerk des 2 CV.

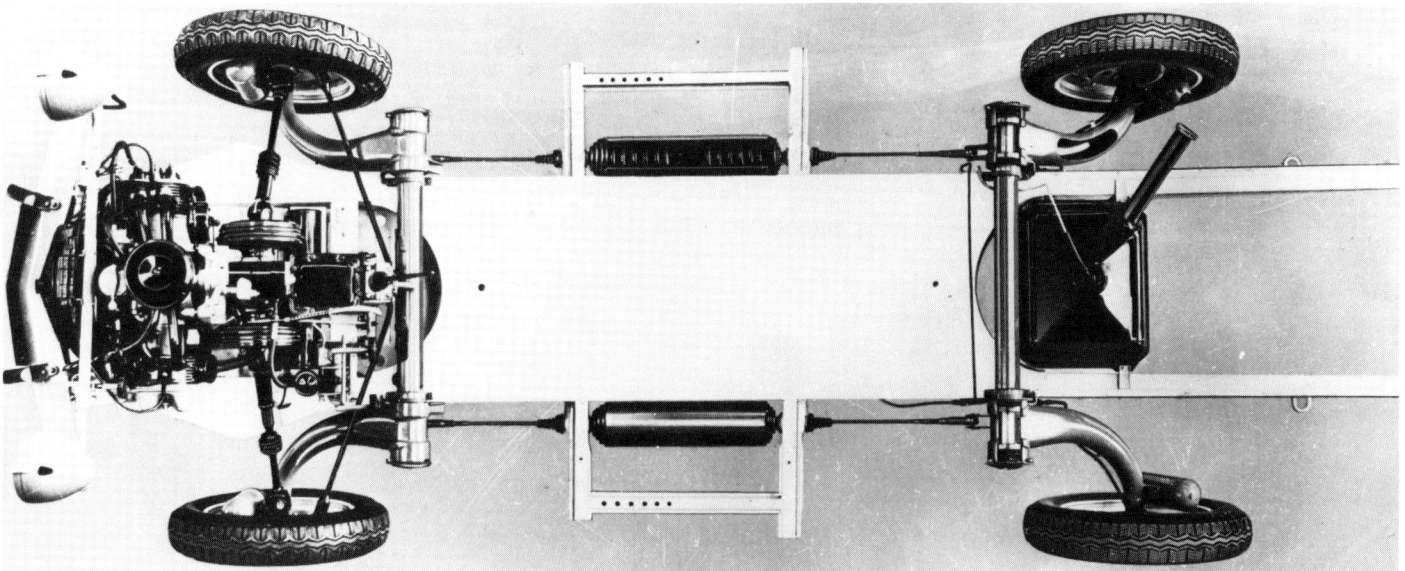

Auch wenn es oft einen anderen Anschein hat: Der 2 CV ist nur sehr schwer umzuwerfen.

Federungen alles etwas übertrieben, stimmt aber mit Einschränkungen noch heute.

Die Entenfederung funktioniert nun folgendermaßen. Die Räder hängen an den erwähnten langen Schwingarmen, an deren anderem Ende kleine Nasen auf Stangen einwirken, die wiederum in Wagenmitte zwischen Vorder- und Hinterrad in einen Federtopf münden. In diesem Topf, der am Rahmen elastisch befestigt ist, sitzen zwei Schraubenfedern, die hier die Schwingungen der Räder aufnehmen und an den Aufbau weitergeben – aus dem Stoßgeschäft wird eine Schaukelpartie! (In der Vorserie von 1939, als der 2 CV noch T. P. V. [Toute Petite Voiture = ganz kleines Auto] hieß, wurde hier übrigens noch mit einfachen Torsionsstäben experimentiert.)

Um die Bodenhaftung der Räder sicherzustellen, wurde die Ente außerdem mit je einem Trägheitsdämpfer (ein gefedertes Gewicht in einem Gehäuse, das durch seine Trägheit den Schwingungen des Rades entgegenwirkt) an jedem Rad ausgestattet, und vier Reibungsdämpfer an den Anlenkpunkten der Schwingarme sorgten dafür, daß die Ente nicht gar zu schwabbelig durch die Geographie watschelte. Bequemlichkeit, hervorragende Bodenhaftung und Spurtreue waren das Ergebnis dieser ausgefallenen Federung, die im Komfort bis heute bestenfalls mit der Hydropneumatik in den mittleren und großen Citroën-Modellen erreicht wird.

Im Laufe der Jahre wurde das System dann zwar verfeinert, das Prinzip aber beibehalten. Die Federtöpfe der Ausgleichsfederung links und rechts unter dem Wagenboden gehören bis zum jüngsten Tag zu den unverzichtbaren Ausstattungsmerkmalen des französischen Vogels. In einer begrenzten Serie von Januar bis April 1955 wurden diese Federn sogar einmal offen zur Schau getragen, bis sie dann wieder im Topf verschwanden.

Von den jeweils vier Reibungs- und Trägheitsdämpfern des Jahres 1949 ist allerdings nicht mehr viel übrig geblieben. Zuerst verschwanden 1966 die hinteren Reibungsdämpfer, die durch hydraulische Stoßdämpfer ersetzt wurden. Bei den mit Boge-Stoßdämpfern ausgerüsteten Exportmodellen fielen dann ab 1970/71 die hinteren Trägheitsdämpfer dem Fortschritt zum Opfer, und seit 1976 haben Trägheits- und Reibungsdämpfer auch an den Vorderrädern ausgedient. Seitdem schaukelt die Ente wie »richtige« Autos auf vier stinknormalen Stoßdämpfern durch die Lande. Ihrem Charakter hat das, gottseidank, keinen Abbruch getan!

Die Fernreisen

Die Erde ist die wertvollste Entdeckung des 2 CV (oder nach der englischen Version: Des Menschen bester Freund ist der 2 CV).

Er ist sparsam im Verbrauch, ganz egal, wie die Wetterverhältnisse sind, paßt sich den schlechtesten Straßen an und hat es selbst dem kleinsten Reisebudget ermöglicht, durch die ganze Welt zu reisen. Er ist ein wunderbares Instrument, um auf Entdeckungsreise zu gehen und ein Gefühl für Freiheit zu bekommen und wurde binnen kürzester Zeit eines der begehrtesten Fortbewegungsmittel der Forscher. Er hat alle erforderlichen Qualitäten und erfüllt alle Bedingungen eines anspruchslosen und zuverlässigen Begleiters. Man scheut nicht davor zurück, Unmögliches von ihm zu verlangen, sei es im Urwald, im Gebirge oder in der Wüste. Man findet die Spuren seiner Reifen im Sand, im Schlamm, entlang der Küsten aller Kontinente, in allen Breitengraden, an den überschwemmten Ufern des Ganges oder auf der Salzkruste des großen Salzsees. Innerhalb weniger Jahre war der 2 CV von der ganzen abenteuerlustigen Jugend voll akzeptiert. Der Preis »Tour du Monde«, der im Jahre 1957 von Citroën ins Leben gerufen wurde, war nichts anderes als der Beweis dieses Phänomens, gleichzeitig aber wurde der ganzen Jugend gedacht, die es verstanden hatte, den 2 CV als Partner ihrer Begeisterung und Zeuge ihrer Entdeckungen zu wählen. Der Preis (10 000 FF) wurde einmal im Jahr verliehen, und zwar an das Team, das aus den jeweils bereisten Ländern die interessanteste und originellste Dokumentation zurückbrachte. An diesem Wettbewerb konnten 2 CV-Fahrer aller Nationalitäten teilnehmen. Die Route mußte mehrere 1000 km lang sein und durch verschiedensprachige Länder führen. Die Teilnahmebedingungen waren einfach: die Reiseunterlagen mußten – wenn möglich in französischer Sprache – vor dem 1. November an die Werbeabteilung der Firma Citroën geschickt werden.

1957 – Jacques Cornet: Paris – Tokio – Paris

Schon 1953 hatten Jacques Cornet und Henry Lochon aus Lyon Amerika vom Norden bis zum Süden durchquert und waren über Afrika wieder nach Frankreich zurückgekehrt. Um den Preis der »Tour du Monde« zu bekommen, mußten sie nur noch nach Asien fahren, und 1956 verließ Cornet am Steuer eines 2 CV mit dem Beifahrer Georges Khim Paris in Richtung Tokio. Sie werden die Türme von Notre-Dame erst neun Monate später wiedersehen. Ihre Rückfahrt wurde ein regelrechter Wettlauf mit der Zeit: Von Bombay nach Frankreich legten sie in 31 Tagen auf den schlechtesten Straßen der Welt 17 500 km zurück. Sie fuhren Tag und Nacht und wechselten sich alle vier Stunden am Steuer ab.

Am 27. April 1957 zeigte ihr Tacho in Paris 44 200 km an. Von der neunmonatigen Reise durch 21 Länder brachten sie Tausende von Erinnerungen und Hunderte von Photos mit. Sie drehten einen Film und schrieben ein Buch mit dem Titel: »2 Hommes, 2 CV en Asie«.

**Quer durch Lappland:
Marc und Paquier.**

1958 – Duverger in Südafrika

Der Fotograf Henry Duverger fuhr alleine mit seinem 2 CV – oft unter Bedingungen, die einen Geländewagen erfordert hätten – 17 000 km quer durch Südafrika. Er war der erste Franzose, der die verbotene südwestafrikanische Zone mit den Diamantenminen betrat, und während seiner Reise hielt er sich mehrere Wochen in der verlassenen Wüste von Namibia auf. Seine Reise dauerte sechs Monate, er brachte rund 4000 Fotos mit und teilte sich den Preis mit Marc und Paquier.

1958 – Marc und Paquier in Lappland

Um (in Hinblick auf eine ethnologische These) das Leben der Rentierzüchter in Lappland zu beobachten, hatten die beiden jungen Franzosen, Pierre Marc (20 Jahre) und Jean Paquier (21 Jahre) fast vier Monate bei den Nomaden der Finnmark verbracht. Sie nahmen an der großen Herbstwanderung teil, bei der die Rentiere von der Weide, auf der sie den Sommer über waren, in ihr Winterlager gebracht wurden. Mit ihrem 2 CV Lieferwagen legten sie insgesamt 15 000 km zurück, davon 9000 km auf erdigen Wegen, 2000 km auf verschneiten und 900 km auf vereisten Straßen und 500 km durch Gelände, wo es weder Straßen noch Pfade gab.

1959 – Rund um die Erde
Jacques Séguéla und J. C. Baudot

Jacques Séguéla und J.C. Baudot, zwei 25jährige Studenten aus Perpignan, verließen Paris mit ihrem 2 CV am 9. Oktober 1958. Als sie am 12. November 1959 wieder in Paris ankommen, waren sie 100 000 km rund um die Erde gefahren, haben dabei acht Wüsten und 50 Länder durchquert, 350 Nächte unter freiem Himmel verbracht und hatten 2247 Stunden am Steuer gesessen. Sie waren durch Afrika (Alger, Tamanrasset, Fort Lamy, Elisabethville, Kapstadt), Amerika (Rio, Buenos Aires, Santiago, Bogota, Mexiko, New York, Los Angeles), Ozeanien (Hawaii, Manila), Asien (Tokio, Hong Kong, Singapur, Saigon, Dehli, Ankara) und Europa (Istanbul, Sofia, Belgrad, Triest, Paris) gefahren und hatten somit als erstes französisches Auto eine Fahrt rund um die Welt gemacht. Auf ihrer Reise, die über ein Jahr gedauert hatte und durch fünf Kontinente führte, haben Séguéla und Baudot die aufregendsten und lustigsten Abenteuer erlebt. Ihr schlimmstes Erlebnis hatten sie mitten in der Wüste, als sie keinen Tropfen Öl mehr im Getriebe hatten und ihnen ein Chilene half, indem er mehrere Bananen in das Getriebe steckte und ihr 2 CV noch über 300 km weit fuhr. Die beiden beschreiben diese außergewöhnliche Reise voller Humor und Witz in dem Buch mit dem Titel »La Terre en Rond« und frischen damit den herkömmlichen Stil der Reisebeschreibungen auf. Es wurde in vier Sprachen übersetzt und in über 100 000 Exemplaren verkauft.

In Kolumbien: Séguéla und Baudot.

**1960 – Im Zick-Zack durch Europa
M. Décatoire und J. P. Royer**

M. Décatoire und J. P. Royer, zwei Studenten aus Lille, waren im Sommer 1960 im Zick-Zack quer durch Europa gereist. Sie hatten in zwei Monaten 20 000 km mit einem gebraucht gekauften 2 CV zurückgelegt: von Amsterdam nach Moskau, von Ankara an den Polarkreis. Sie waren am 8. Juli morgens von Lille aufgebrochen, kehrten am 13. September zurück und hatten inzwischen Deutschland, Österreich, Yugoslawien, Griechenland, die Türkei, Bulgarien, Rumänien, die UdSSR, Finnland, Schweden, Norwegen, Dänemark und Holland kennengelernt. Beide hatten über ein Jahr meist nachts gearbeitet, um sich die Reise finanziell erlauben zu können.

1961 – Mit der Familie Pochon von Laos nach Paris

Jacques Pochon war gezwungen, mit seiner Familie Laos zu verlassen, nachdem er dort über 15 Jahre lang gelebt hatte. Für die Rückreise ins Vaterland kaufte er sich einen 2 CV Lieferwagen, da ihm dieses Transportmittel als das finanziell günstigste erschien. Er legte mit diesem Fahrzeug (und der ganzen Familie samt 150 kg Gepäck) bis nach Paris 38 000 km zurück. Die Familie Pochon lebte acht Monate lang zu sechst in diesem 2 CV und lernte bei dieser Gelegenheit als Touristen Bangkok, Ceylon, Bagdad, Beirut, Istanbul und München kennen.

1962 – Abessinien mit der Familie Michaud und Indien mit den Carriers

Die kleine braunhaarige Sabrina und der bärtige Englischlehrer Roland träumten von dem großen Abenteuer. Und der Traum wurde Wirklichkeit: 17 Monate lang fuhr das Ehepaar mit einem 2 CV quer durch Äthiopien und nahm am Leben der Eingeborenen teil. Von ihrer Reise brachten sie außergewöhnliche Fotos mit und teilten sich den Citroën-Preis mit einem anderen Ehepaar, den Carriers. Herr und Frau Carrier reisten in 85 Tagen mit ihrem 2 CV 30 000 km weit bis zur südlichsten Spitze Indiens und wieder zurück.

Von Laos nach Paris: Pochon.

1964 – Zwei Wikinger mitten in Schwarzafrika.
(Im Jahre 1963 wurde kein Preis verteilt)

Die beiden Norweger, Svein Hedtun (23 Jahre alt), Philosophiestudent, und Björn Kyvit (28 Jahre alt), Publizist, legten in sechs Monaten 28 401 km zurück, wobei sie allein 25 000 km durch Afrika fuhren (Oslo, Gibraltar, Rabat, Alger, Tamamrasset, Agades, Kano, Yaounde, Lambarene, Leopoldville, Matadi, Stanleyville, Mombasa, Lusaka, Pretoria, Lourenço, Marques). Sie machten die Reise mit einem 2 CV Lieferwagen, den sie gebraucht gekauft hatten und »Miss Norway« tauften. Sie lebten bei der Bevölkerung des Schwarzen Kontinents, teilten das Leben der Nomaden und der Pygmäen. Sie schrieben eine große Reportage und machten viele Farbfotos.

**1965 – Eine 99 000 km
Hochzeitsreise durch Amerika**

Im Februar 1963 entschloß sich das jungverheiratete Paar Virginia, 21 Jahre, amerikanische Studentin, und Manfred Schubert, 24 Jahre und deutscher Drogist, ihre Hochzeitsreise im 2 CV zu machen. Dies war der Anfang eines Abenteuers zu zweit in einem Auto, das 99 000 km weit durch den ganzen amerikanischen Kontinent von Alaska nach Patagonien anhalten sollte. Erste Etappe: 37 000 km in neun Monaten, New York via New Orleans, Texas, Arizona und Britisch Kolumbien. In Los Angeles arbeiten beide 13 Monate lang (Virginia in einer Bank und Manfred in einer Apotheke) um sich das Geld für die zweite Etappe ihrer Reise zu verdienen: Los Angeles-Patagonien: 35 000 km durch Mexiko, Nicaragua, Costa Rica, Panama, Kolumbien, Ecuador, Peru, Chile, Argentinien und Brasilien. Bei ihrer Rückkehr nach Hamburg zeigte der Tacho des 2 CV 99 875 km.

1966 – Eine Marionette fährt rund um die Welt

Alexandre, 80 cm groß mit riesigen Kulleraugen, Star unter den Marionetten der Truppe von Philippe Genty, ist sicher die Puppe, die auf der ganzen Welt am meisten gereist ist: 130 000 km in einem 2 CV rund um die Erde.

In Moskau:
Genty und die Puppe Alexandre.

Die Reise quer durch die Welt war für die Truppe eine riesige Theater-Tournee: 568 Vorstellungen in vier Jahren. Zusammen mit Serge George, später Mitchiko Tagawa, der ihn in Japan ablöst, und Yves Brunier, der sich ihnen in Panama anschließt, durchqueren Philippe Genty und seine Marionetten Europa, Asien, Japan, Australien und Amerika, also neun Wüsten und 47 Länder. Während der Reise erwarb die Truppe eine Sammlung von 81 verschiedenen Marionetten, sie drehte einen Farbfilm von 7500 m Länge, darunter ein Dokumentarfilm für UNESCO; sie machte 4520 Schwarz/weiß-Bilder und 2670 Farbdias. Und ihr 2 CV transportierte all das vier Jahre lang.

Die drei Fernrallies

Raid Kaboul

Die Fernreisen vieler Individualisten mit 2 CVs in allen Ecken der Welt brachten den nie um eine Idee verlegenen PR-Direktor von Citroën, Jacques Wolgensinger, 1970 darauf, ein Spektakel ganz besonderer Art zu inszenieren, eine Massenfernfahrt ins ferne Afghanistan: »Le Raid Kaboul«.

Das Echo auf die Ankündigung war unvorstellbar: 5000 Bewerber meldeten sich innerhalb kurzer Zeit, sie alle wollten dabei sein beim großen Zug der Enten ins »ferne Land«. Schließlich hatte der clevere Jacques nicht

Auf dem Weg nach Afghanistan: Drei Enten im Wüstenstaub.

Hunderte von 2 CVs vor dem Start ins ferne Afghanistan.

Die Karte zeigt, welch enorme Distanz die Teilnehmer beim Raid Kaboul zurücklegen mußten.

ohne Grund Afghanistan ausgewählt, das damals ganz oben auf der Wunschliste aller jungen Weltenbummler und Abenteurer stand. Und außerdem gehörte die Strecke Paris–Kabul zum ersten Teil der berühmten »Croisière Jaune«, bei der 1931 Citroën-Kettenfahrzeuge von Beirut nach Peking fuhren.

Von den ursprünglich 5000 Kandidaten blieben schließlich 1300 junge Frauen und Männer zwischen 18 und 30 übrig, die am 1. August 1970 morgens in 494 Enten vom Markt in Rungis vor Paris starteten. Vor ihnen lagen insgesamt 16 500 Kilometer für die Strecke Paris–Kabul und zurück. Bis zum 29. August – und damit innerhalb des gesetzten Zeitlimits – trafen 364 Fahrzeuge und ihre entsprechend geschlauchten Mannschaften in Kabul ein, 320 von ihnen schafften schließlich trotz aller Widrigkeiten auch die Rückkehr nach Paris.

Mit dem Ankommen allein war es jedoch nicht getan. Jeder Teilnehmer mußte, in die Heimat zurückgekehrt, ein Farbdia von jedem der Länder vorweisen können, durch die die Enten-Kreuzfahrt führte: Frankreich, Italien, Jugoslawien, Bulgarien, Türkei, Iran und Afghanistan. Schließlich verlangte Jacques Wolgensinger auch noch eine maximal fünf Seiten lange Reisereportage (die auch auf Tonband gesprochen sein durfte): Auf die ersten zehn warteten dafür zehn nagelneue Enten und ein Geldpreis für den Ersten von 5000 Francs – damals noch viel Geld...

Mit dem »Raid Kaboul« war die Enten-Geschichte um ein farbiges Kapitel reicher, und der phantastische Erfolg beflügelte die Citroën-Mannen zu weiteren Großtaten: Schon ein Jahr später ging ein fast gleichgroßer Troß auf Tour – der »Raid Persepolis« war angesagt!

Gegensätze der Kulturen: Verschleierte Frauen betrachten weitgereiste 2 CV-Fahrer.

»Steig aus dem Alltag aus und zieh' los«

Citroën und Total wählten die wunderschönen Ruinen von Persepolis voller Geschichte als Ziel für die jungen Leute, die im Jahr 1971 an einer Rallye teilnehmen wollten, die mit der Rallye Paris – Kaboul – Paris zu vergleichen war und die die beiden zusammengeschlossenen Firmen im Jahr 1970 organisiert hatten und von der so viele junge Leute begeistert waren.

Eine Rallye, wozu? Für die Organisatoren gab es einen ganz einfachen Leitgedanken: Sie wollten beweisen, daß das Automobil ein ideales Instrument ist, um die Welt und deren Geschichte zu entdecken. Und es gibt sicher keine bessere Lösung, als mehr als 1000 Jugendliche aus allen Ecken und Enden der Welt in ihren Ferien bis ans Ende des Orients mitzunehmen, auf Straßen und Wegen, die seit Tausenden von Jahren bestehen, durch Landschaften hindurch, die die meisten von ihnen noch nicht kannten und ohne Automobil nie kennengelernt hätten.

Obwohl die Rallye Paris–Persepolis–Paris sich direkt an die Tradition der bekannten »Citroën-Kreuzfahrten« anlehnte, so war sie doch etwas ganz anderes: Es handelte sich nicht um eine Expedition und noch weniger um eine Forschungsreise, denn diese Zeiten sind vorbei. Die gefährlichen und risikoreichen Routen, die früher nur ganz bestimmten erfahrenen und trainierten Menschen zugänglich waren, sind heutzutage durch die Popularität des Automobils für jeden erreichbar geworden. Es wird ganz einfach eine Reise, aber was für eine!

Fast 500 CV's, Dyanen und Meharis begaben sich über 13 800 km weit auf die Entdeckung von neuen Landschaften und den verschiedensten Zivilisationen; alles zum Preis von einem Urlaub in der Bretagne oder an der Côte d'Azur. Was das Abenteuer anbetrifft, so finden es nur diejenigen, die es zu entdecken wissen und die einen Sinn für Abenteuer haben. Denn so lang eine Reise auch sein mag, und das werden Ihnen alle Reisenden bestätigen, man findet immer nur sich selbst, wenn man schließlich am Ziel ist.

Die Begeisterung war groß, nachdem die Organisatoren (RTL und das »Maison de l'Iran« hatten sich Citroën und Total angeschlossen) die Rallye angekündigt hatten und innerhalb von zehn Tagen trafen mehr als 3829 Anmeldungsanträge ein. Es konnten unmöglich alle ange-

nommen werden und so mußte eine Auswahl vorgenommen werden.

Ein Fragebogen stellte den ersten unmittelbaren Kontakt zu den jungen Leuten her. Was suchten sie? Was wollten sie? Warum wollten so viele mitmachen? Die Antworten lauteten: »Das Abenteuer beginnt dann, wenn die Gewißheit aufhört. In dem Moment, wo wir uns nicht mehr in unserer materiellen und affektierten Umgebung bewegen.«

»Ein Traum, der in Erfüllung geht, wenn man sich anstrengt; die Suche nach wirklichen, echten Werten, wenn sich erst einmal die Taue gelöst haben und das Schiff die offene See erreicht.« »Die Konfrontation einer Erziehung, die man in einem Sozialstaat genossen hat mit anderen Realitäten, anderen Gedanken; die Begegnung mit anderen Menschen und der Versuch, ihr Leben zu teilen, sich selbst zu vergessen um sie besser zu verstehen.«

Sie wollten »die goldene Ruine im Sand der Zeit suchen«. »Alles von sich schütteln und losfahren. Wenn die Gewohnheiten schwinden, beginnt das Leben.« »Ein Dialog der aus dem Zusammentreffen einer fremden Umgebung und einem unvoreingenommenen Verstand entsteht.« »…eine Möglichkeit, Brüderlichkeit und Freundschaft zu entdecken«. »Aus seiner Haut als Westlicher herausschlüpfen, sein finalistisches Denken ablegen um den Traum jenseits des Horizonts erkennen und verstehen zu können.« »Die Möglichkeit, sich ganz zu vergessen und sich von der Routine des Alltagslebens zu lösen.« »Der Drang, seine Umgebung zu wechseln und den Kreis der uns vertrauten Dinge zu sprengen.«

Schließlich starteten am 31. Juli 1971 1300 junge Leute von den Großmarkthallen von Rungis aus, dem einzigen Ort in der Nähe von Paris, der die 467 zum Start zugelassenen Fahrzeuge fassen konnte. Unter den 467 Autos befanden sich ungefähr 100 aus dem Ausland mit holländischer, deutscher, schweizerischer, belgischer, luxem-

Vor verlassenen Burgen und staubigen Ruinen: Ein 2 CV auf dem Weg nach Persepolis.

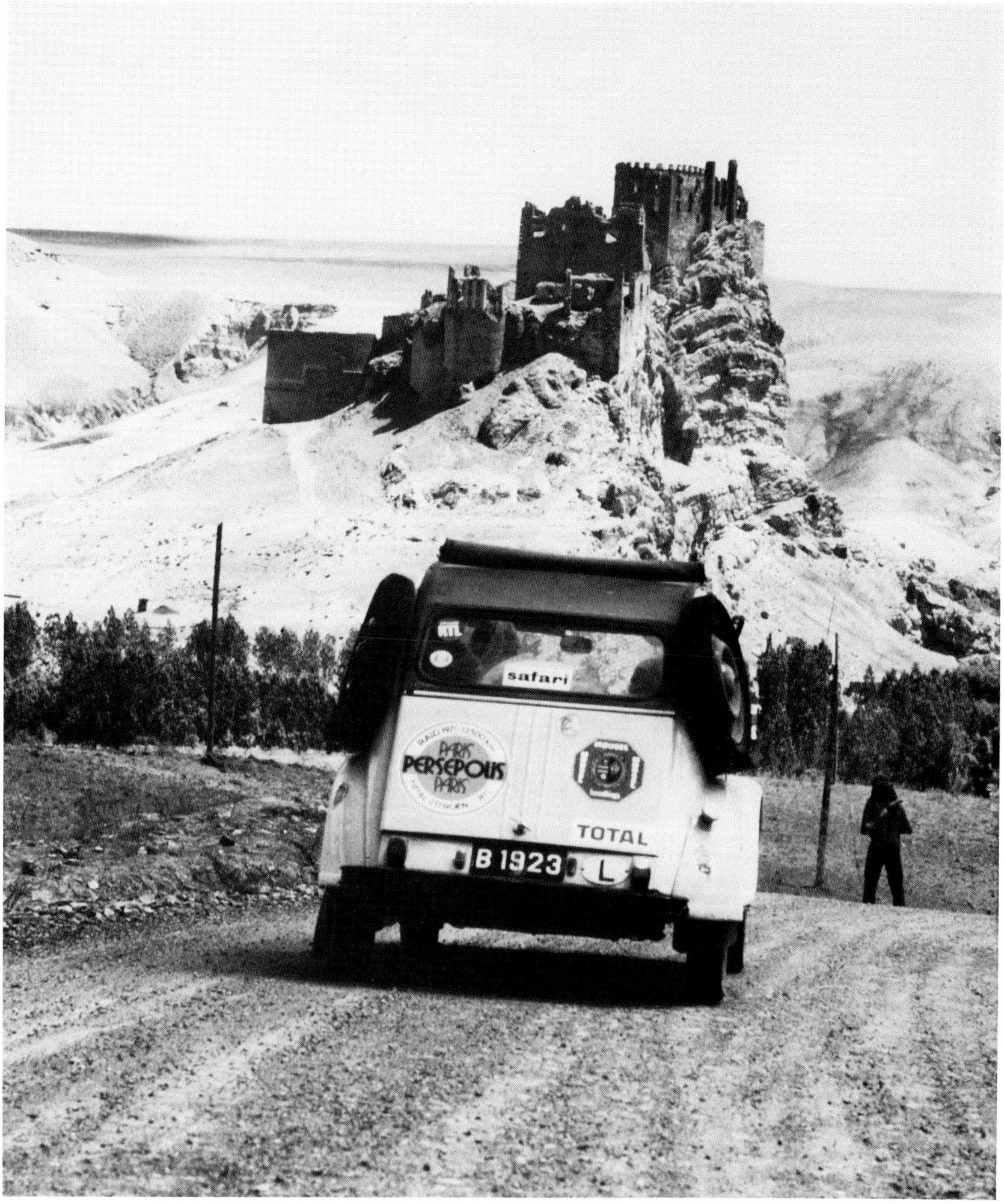
RTL
safari
PARIS
PERSEPOLIS
PARIS
TOTAL
B 1923
L

In der Einsamkeit von Anatolien.

burgischer, italienischer, spanischer, portugiesischer, norwegischer, schwedischer... Besatzung. Die 1300 Jugendlichen (31 Prozent waren jünger als 20 Jahre. 39 Prozent zwischen 21 und 25 Jahre alt und zehn Prozent zwischen 26 und 30) kamen aus den verschiedensten sozialen Schichten und hatten ganz unterschiedliche Berufe:

659 Studenten (davon 75 Medizinstudenten), 103 Arbeiter und Handwerker: Mechaniker, Klempner, Schlosser, Elektriker, ...69 Gymnasial- und Realschullehrer, 63 Sekretärinnen und Büroangestellte, 20 Kaufleute, 14 Vertreter, neun Programmierer, acht Krankenschwestern, acht Fotografen, acht Chauffeure, sieben Krankengymnastiker und sogar ein Maler, zwei Säuglingsschwestern, ein Archäologe, ein Mannequin, ein Landwirt, zwei Gerichtsschreiber, ein Fernfahrer, ein Schatzmeister, ein Krankenwagenfahrer, ein Holzfäller, eine Schneiderin, ein Forscher des CNRS, ein Kaninchenzüchter, eine Psychologin, ein Seemann, ein Rechtsanwalt, ein Beamter der SNCF (französische Eisenbahngesellschaft), drei Fernsehtechniker, ein Dolmetscher, zwei Psychiater, ein Kupferschmied...

Im ganzen waren es 85 Prozent Jungens und 15 Prozent Mädchen, von denen 60 Prozent zu zweit, 30 Prozent zu dritt oder zu viert in einem Wagen fuhren, nicht zu vergessen die Ein-Mann-Besatzungen, darunter ein Mädchen, Jurastudentin aus der Normandie.

Die Hauptrolle spielten an jenem denkwürdigen Tag in Rungis aber weder die Autos, die schon viele Monate vorher mit viel Liebe ausgerüstet und präpariert wurden, noch ihre unbekümmerten, begeisterten oder mit ihrer unmittelbaren Zukunft beschäftigten Insassen. Im Vordergrund stand vielmehr Dorothea, eine schwarze Henne, die François Luc und Xavier Ustaritz, zwei Gymnasiasten aus Tresses-en-Grionde als Talisman mitgebracht hatten und auf die Fahrt mitnahmen (die Henne überstand die ganze Reise und kam mit einem Gefährten zurück: einem Kampfhahn, den sie im Iran getroffen hatte).

Der Start war schon allein wegen der Farben und den unterschiedlichen schöpferischen Einfällen unbedingt sehenswert; sowohl Fahrzeuge als auch deren Insassen waren künstlerisch angehaucht: Beispielsweise ein 2 CV, der als Geländewagen umgebaut wurde mit gepanzerter Karosserie und vergitterten Scheinwerfern und Windschutzscheibe, Winterreifen usw... oder ein Mehari, der mit seinem Bambusdach einer Strohhütte glich. Oder der weiße 2 CV mit verchromten Scheinwerfern und Auspuff; die Dyane, deren Dach zum Schutz gegen die Sonnenstrahlen ganz mit Silberpapier überzogen wurde.

Es waren die eigenartigsten Farben und Formen vertreten: Psychodelische Variationen, Schachbretter, Regenbogen, Sinnbilder, Leopardenmuster, Tarnfarben, blühende Blumen... Manche hatten ihre ursprüngliche Farbe beibehalten, wie beispielsweise der gelbe Lieferwagen, der früher der Post gehörte und auf dem noch die Originalbeschriftung zu sehen war. Die Innenausstattung war zuweilen noch ideenreicher: Armaturenbrett einer Boeing-Maschine, Stereoanlagen, Miniatur-Steuerräder, klein geblümte Vorhänge an den Scheiben, wertvolle Tapisserien an den Türfüllungen, weiß-blaue Badezimmerfließen auf dem Boden, dekorative Messingtürklinken...

Die folgenden Modelle fielen am meisten auf: Ein Studiomobil, also ein auf zwei Etagen erhöhter Lieferwagen mit Fotolabor und unter dem Dach einem Minischlafzimmer; das Cabriolet von Lyne und Michel Coupey: ein alter 2 CV, dessen Karosserie in ein Cabriolet verwandelt wurde mit Fransenbaldachin, Liegesitzen, elektrischen Scheibenwischern, Tourenzähler, auseinandernehmbarem Eßzimmer, kleiner Küche und einem richtigen Waschbecken im Kofferraum.

Nachdem der Tankwagen von Total jedes Fahrzeug kostenlos mit Benzin versorgt hatte, erfolgte am späten Vormittag der Start, der von einem unglaublichen Hupkonzert begleitet wurde: Glockengeläut, Kuhgebrüll, Pferdegewieher, Nebel- und Martinshörner, Feuerwehrsirenen...

Unter den »Gute Fahrt!«-Zurufen der Eltern und Freunde, dem Klicken der Blitzlichter, dem Summen der Filmkameras und dem Heulen der Motoren starteten nacheinander 467 2CV's, Dyanen und Meharis und begaben sich auf die vielleicht längste Reise ihrer Karriere; zunächst 2108 km weit nach Titograd, wo die erste Kontrolle stattfinden sollte.

Frankreich – Italien – Jugoslawien – Griechenland

All die kleinen Fahrzeuge mit ihrem Rallye-Aufkleber drängten gen Süden und versetzten die vielen Urlauber, die an diesem 31. Juli auch die Autobahn A6 nahmen, in großes Erstaunen.

Der Verkehr blieb jedoch relativ flüssig und der Mont-Blanc-Tunnel wurde ohne Schwierigkeiten erreicht, zumindest war dies der Fall für diejenigen, die diese Route gewählt hatten; manche fuhren über Deutschland um direkt nach Jugoslawien zu gelangen, andere (wie das Team aus Lille, das kurz vor dem Start gemerkt hatte, daß der Paß zuhause geblieben war) machten einen kleinen Umweg und schauten noch daheim vorbei.

Italien: Noch einmal Autobahn, wobei manche in Venedig anhielten, um die Stadt zu besichtigen. Von dort aus erreichten sie in kurzer Zeit die jugoslawische Grenze, dann ging es weiter auf engen Küstenstraßen, die voller Touristen waren. Aber die wunderschöne Landschaft ließ die Straßenverhältnisse vergessen. Die rot-graue felsige Adriaküste mit ihren vielen traumhaften kleinen Buchten, dem türkisfarbenen oder tiefblauen Wasser; die malerischen Dörfer und die Städte, die durch den Tourismus berühmt geworden sind, wie Dubrovnik, eine imposante Festung, die am Meer in der Sonne schlummert. Dickes Gemäuer umgibt unzählig viele kleine Häuser, die dicht aneinandergedrängt über winzigen Straßen mit großen abgenutzten Pflastersteinen stehen.

Der Kontrast zu Titograd ist groß. Die Stadt in den Bergen im Landesinneren liefert ein trauriges Bild: nüchterne, eintönige und deprimierende Betonbauten.

Aber dank der Etappe des 4. Augustes sollte diese Stadt schnell in Vergessenheit geraten. Die Strecke Titograd – Saloniki durchs Gebirge vorbei an Pec und Skopje war mit ihren 620 km die sportlichste der ganzen Rallye. Nach einem anstrengenden Tag auf der staubigen Piste nach Pec oder der endlosen langen Straße durch die mazedonische Ebene erscheint der Kontrollpunkt, das festlich erleuchtete Saloniki mit allen den freundlichen und herzlichen Griechen, wie eine Belohnung.

Das Land der Steine und Knüppel

Am darauffolgenden Tag geht die Fahrt nach Istanbul und damit in den Orient. Dort soll es 500 Moscheen geben, wovon die Blaue Moschee und Sankt Sophia die berühmtesten sind, der große und der kleine Bazar, Topkapi, der Bosporus ... natürlich, aber Istanbul ist vor allem gekennzeichnet durch Straßen, eine farbige, lärmende, hektische Menschenmenge, verschleierte Frauen, Lastenträger, das ständige Kommen und Gehen einer großen Kinderschar, die auf winzigen Tabletts Tee oder türkischen Kaffee in Privathäuser bringt, die Händler, die im Freien Süßigkeiten, Pistazien, Haselnüsse (eine der wichtigsten Einnahmequellen der Türkei) oder Eis verkaufen ... und dabei laufen überall Tiere herum, Autos, Karren und Lastwagen fahren kreuz und quer durch die Straßen und hupen laufend.

Bevor unsere Rallyefahrer eine wunderschöne Landschaft durchqueren, haben sie allerdings noch, – und zwar nach zwei Tagen Tourismus und Ruhe –, auf der Strecke zwischen Istanbul und Ankara mit den türkischen Lastwagenfahrern zu kämpfen, die blindlings mit durchgedrücktem Gaspedal auf den Straßen rasen.

In Anatolien, von Kayseri bis Dijarbakir und Van bot sich eine Palette von seltenen Farben: Ockertöne, zarte Grau- und Lilafärbungen, blasse Grün- und Rosatöne, Faltengebirge mit abgerundeten Gipfeln, unendlich viele riesige schwarze Felsen, die so aussehen, als ob ein heftiger Zyklop sie dorthin versetzt hätte. Oder der schwache Goldton der Getreidefelder, das dunkle Grün der bestellten Felder und das Wunderwerk an Gleichgewicht und Proportion einer alten Brücke über einem türkis schimmernden Fluß.

Die Autos der Rallye erklimmen entweder nacheinander oder gemeinsam, in Gruppen oder Kolonnen die Piste nach Görem, die Mondlandschaft mit ihren Bergspitzen aus Bimsstein, die wie riesige Termitenhügel aussehen, Klippen mit Tausenden von Löchern und Hunderten von Galerien, die einst die Mönche von Kappadokien, die Höhlenbewohner waren, schufen. Aber leider entdeckten wir nicht nur das wunderschöne Tal von Görem oder den eindrucksvollen Van-See (siebenmal größer als der Genfer See und 1780 Meter tief), sondern auch die Türken und vor allem deren Kinder. Die Rallyeteilnehmer entdeckten bald, daß die Kinder und sogar die Erwachsenen eine besondere Vorliebe dafür hatten, die Autos mit Steinen und Stöcken zu bewerfen. Mit zunehmender Kilometerzahl wurde dies immer schlimmer und nahm bald die Ausmaße eines Guerilla-Angriffs an; hinter jedem Strauch verbarg sich eine Schleuder und die Fahrt durch das Tal wurde zu einem strategischen Pro-

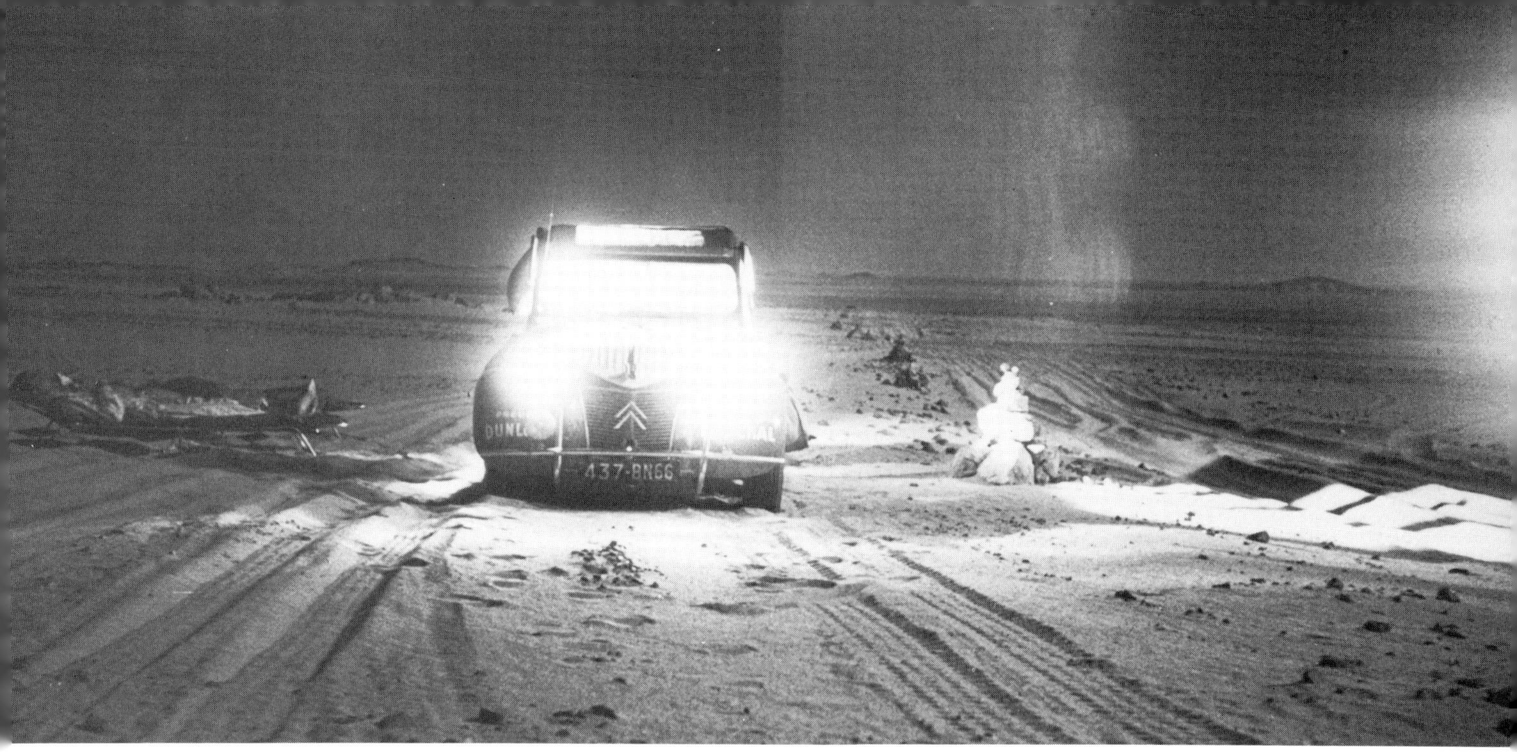
437-BN66

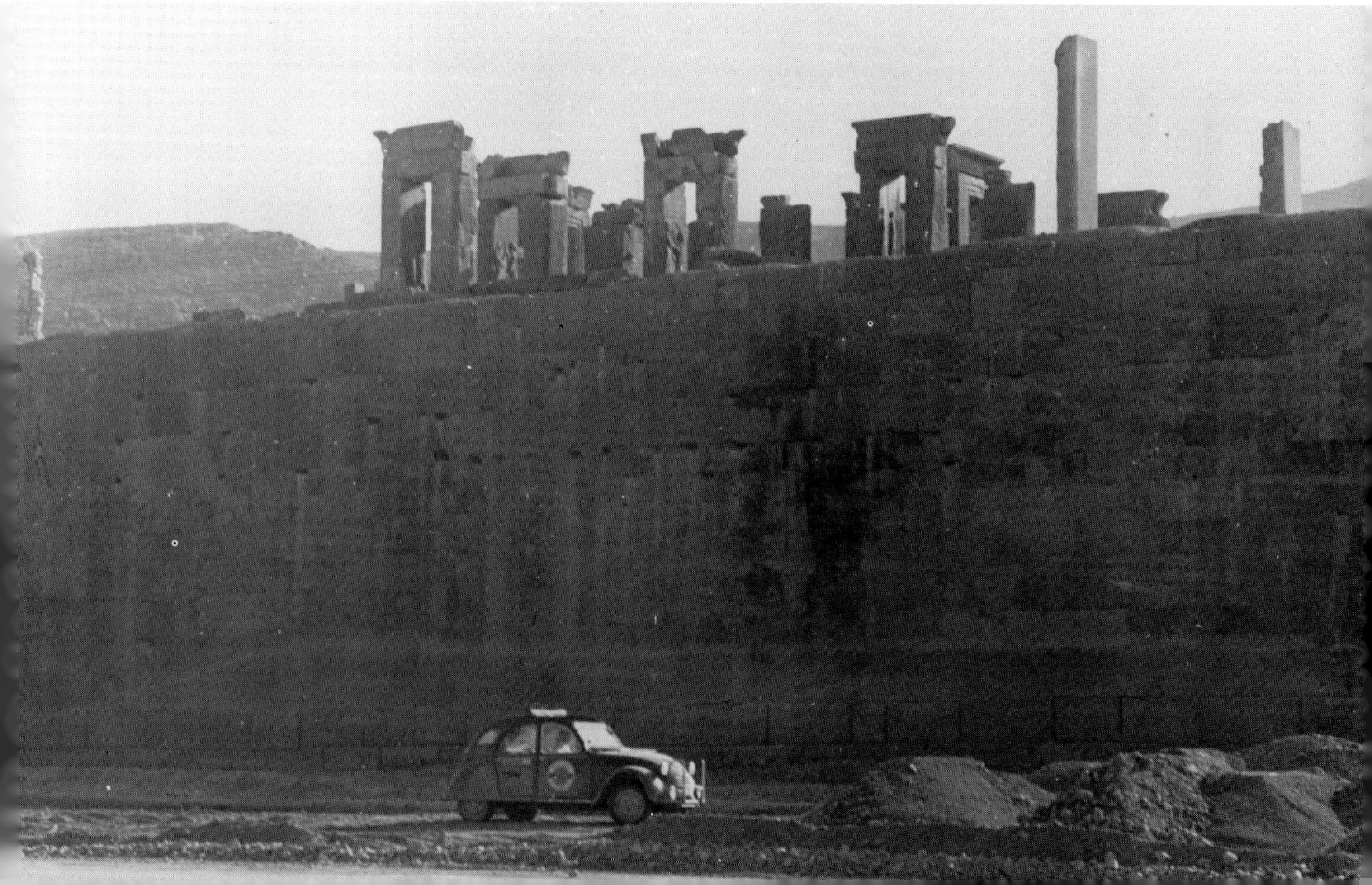

blem. Am nächsten Rastplatz wurden die zerbrochenen Windschutzscheiben, Scheinwerfer und sogar die Verletzten gezählt.

Ohne das geringste Bedauern verließen die Rallyefahrer, – nachdem sie noch einen letzten Blick auf das verwilderte Schloß auf einem Gipfel in der Nähe von Baskale geworfen hatten –, diese traumhaft schöne, aber wenig gastfreundliche Gegend und begaben sich in Richtung Iran über eine kurvenreiche Piste von Van nach Rezayeh, eine wilde Berglandschaft, die die Teilnehmer in einer ockerfarbenen Staubwolke durchquerten.

Wie kann man Perser sein?

Der Kontrast ist frappierend: Kaum waren wir über der Grenze, wurde alles anders, und zwar nicht die Landschaft, sondern die Menschen. In der Türkei wurden unsere Rallyefahrer mit zersplitterten Scheiben empfangen, im Iran war es ein prunkvoller Empfang. Dort wurde mit Steinen geworfen und alle Altersgruppen bettelten aufdringlich um Zigaretten; hier wurden Blumen gestreut und mit außerordentlicher Freundlichkeit erfrischende Getränke angeboten.

Die Teilnehmer der Rallye, von denen noch viele Spuren des Steinkriegs in der Türkei trugen, fragten sich, wie man dermaßen zuvorkommend, sympatisch und gastfreundlich sein kann. Wie kann man Perser sein? Jede Stadt hatte Spruchbänder aufgehängt, auf denen zu lesen war: »Der Rallye Citroën-Total gute Fahrt. Franzosen, Soldaten der Zivilisation, seid willkommen.« Jede Tankstelle bot Erfrischungsgetränke an. Die Kinder ließen Freudenschreie von sich, die Männer klatschten und die Frauen lächelten.

In ihren schwarzen Zelten boten die Nomaden den jungen Leuten, die von so weit hergekommen waren, deren Sprache sie zwar nicht verstanden, die sie aber wie alte Freunde empfingen, Tee an.

Die iranische Regierung hatte alles vorbildlich organisiert und mit Hilfe der Armee, den Polizeiautos, Flugzeugen, Hubschraubern und Dolmetschern beispielhafte Sicherheitsvorkehrungen getroffen. An jeder Raststätte waren Schlaflager vorgesehen.

Alles war perfekt, vielleicht zu perfekt. Wo bleibt das Abenteuer, fragten sich manche Teilnehmer die es enttäuschte, daß man sich mit so großer Fürsorge um sie kümmerte. Nachdem sie sich über die unvorhergesehenen Ereignisse in der Türkei beschwert hatten, fanden sie nun, daß im Iran alles zu reibungslos ablief.

Bei 1300 jungen Menschen auf Reisen sind die verschiedensten Anschauungen vertreten: Die einen sind immer dagegen, die anderen immer dafür, die Minderheiten sind aktiv und die Mehrheit schweigsam. Dies verzögerte jedoch weder den Fortlauf der Rallye noch hinderte es ihre Teilnehmer daran, die Entdeckung eines anhänglichen Volkes zu machen, das seinen Gästen mit offenen Armen entgegen trat.

Rezayet, die Oase von Mahabad, Sanandaj, Hamadan, die ehemalige Hauptstadt von Medes, Isphalan und seine tausend Kostbarkeiten, seine phantastischen Gebäude um die Theologieschule herum...

Am 15. August war die Ankunft in Persepolis; am Abend lud Total die Teilnehmer zu einem Fest in die Gärten von Chiraz ein; es folgte ein kurzer Aufenthalt in der weißen und rosafarbenen Stadt, Heimat der Poeten Hafaz und Saadi und dann begann die Rückfahrt durch die Wüste bei 45° im Schatten, anschließend durch Teheran mit seinem wahnsinnigen Verkehr auf den unendlichen Straßen, den Jongleuren, Volkstänzern, dem Basar, den historischen Gebäuden, den reparaturbedürftigen Fahrzeugen, der Sammelstelle für Kamele, die sich allmählich in eine Büffelweide verwandelt; die ersten Gebirgsausläufer, Tabriz mit seiner Grenzposten-Atmosphäre, das Hochgebirge, die steilen Pässe, über die man im Zickzack fahren muß, weil die Autos zu beladen sind, um den Gipfel auf dem direkten Weg zu erreichen und die schwindelerregende Abfahrt an's Schwarze Meer nach Erzurum, wo eine der Teilnehmerinnen, eine Holländerin, ganz schnell am Blinddarm operiert werden mußte.

Trabzon, Samsun und der von Citroën organisierte Abend, die Bauern mitten in der Nußernte, wieder Ankara und Istanbul, durch Bulgarien an einem Tag, über die Dörfer, wo die Tabakblätter trocknen, durch's Landesinnere von Jugoslawien: Nis, Belgrad, Zagreb, Ljubljana, die Übermüdung durch die vielen Stunden Fahrt ohne Rast zu machen, Italien an einem Stück, der Mont-Blanc-Tunnel, die Eltern und die Freunde, die der Rallye entgegen fuhren, das erste Steak mit Pommes Frites, nachdem es wochenlang nur Chich-Kebab gab,

RAID PARIS-PERSEPOLIS-PARIS

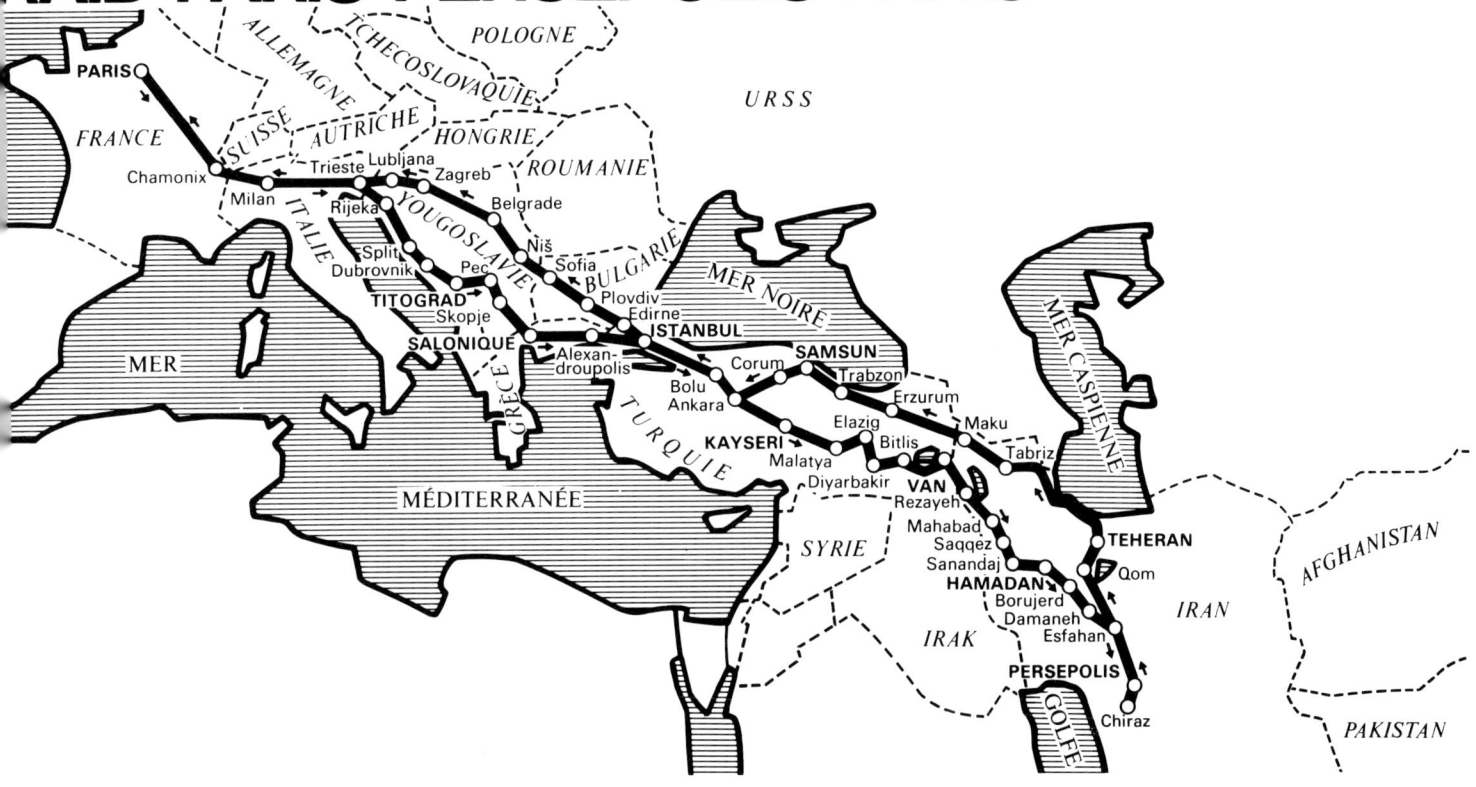

Frankreich's Straßen voller Urlauber die aus Cagnes-sur-Mer oder Palavas-Les-Flots zurückkamen. Rungis, das sich in einen persischen Markt verwandelt hat, der letzte Kontrollpunkt, den 410 Mannschaften rechtzeitig erreichen, die Erinnerungen, die wach werden, die Schätze, die ausgepackt werden, endlich die Befreiung des ganzen Kleintierzoos: Hunde, Katzen, Schildkröten, Ziegen und Esel, die von der Reise mitgebracht wurden, Trophäen, die zur Schau gestellt wurden, Adressen wurden ausgetauscht.

Am 30. August war die Rallye Paris–Persepolis–Paris beendet; 410 2CV's, Dyanen und Meharis sind am Ziel angekommen, voll mit dem ruhmreichen Staub von 13 788 km Abenteuer. Die meisten Autos weisen noch Spuren der harten Realität der Pisten im Orient auf, mit denen sie tagtäglich einen Monat lang konfrontiert wurden: Windschutzscheiben und Scheinwerfer, die von den Steinwerfern zerbrochen wurden und oft nur mit einem Pflaster repariert werden konnten, mehrere Karrosserien, die durch Felsen oder mangelhaft ausgebaute Gebirgsstraßen verbeult waren, die Zusammenstöße mit den Büffeln, Kühen, Eseln oder die umherirrenden Kamele oder sogar die unheimlichen türkischen Lastwagenfahrer, die blindlings mitten auf der Straße fahren.

Manche kamen mit Dekorationen nach Hause: Tierhäute, korbgeflochtene Gegenstände, iranische Fahnen, Schleudern, die der türkischen Jugend mit viel List und Tücke abgenommen wurden. Auf einem Fahrzeug, dessen Besitzer vielleicht ein bißchen übertrieben hat, war auf dem Kofferraum folgender berühmter Ausspruch von Antoine de Saint-Exupéry zu lesen: »Was ich getan habe, hätte kein Tier auf dieser Erde getan.«

Die Jungen und Mädchen, die in einem Monat diesen langen Weg zurückgelegt hatten, abgemagert und von der Sonne verbrannt waren und deren Augen noch von den wunderschönen Dingen, die sie gesehen hatten, verklärt waren, kamen regelrecht betäubt in ihre familiäre Umgebung zurück.

Sie hatten gemeinsam eine individuelle und kollektive Erfahrung gemacht, die für sie unvergeßlich bleiben wird. Sie hatten gemeinsam alle Hindernisse auf dieser Reise überwunden und wurden überall im Iran wie außergewöhnliche Botschafter der europäischen Jugend gefeiert. Sie hatten gemeinsam in den wilden türkischen Bergen kampiert, mit den Volkstanzgruppen getanzt, auf den Märkten von Chiraz oder Ispahan um einen Teppich oder eine getöpferte Vase gehandelt. Sie hatten gemeinsam die Wüste durchquert und kannten nun den Preis eines Glases frischen Wassers, das sie bei 45° im Schatten mit einem Lächeln serviert bekamen. Keiner von ihnen wird je die eisgekühlten Weintrauben vergessen, die sie in einem kleinen Dorf nördlich von Chiraz von den wenigen Einwohnern und dem Bürgermeister geschenkt bekamen.

Auf der Karte, die sich in dem eisgekühlten Plastikbeutel mit den Trauben befand, war zu lesen: »Gute Fahrt, wir wünschen Euch von ganzem Herzen, daß Ihr dieses große Rennen gewinnt. Es lebe die französisch-iranische Freundschaft. Der Bürgermeister von Shaz Rezah.« So viel rührende Freundlichkeit, diese frischen Trauben mitten in der Wüste, diese Karten in französischer Sprache, die mit unendlich viel Mühe in diesem verlassenen Dorf in der iranischen Hochebene, 6800 km von Paris entfernt, verfaßt wurde; dieses Erlebnis war ein Symbol für den Empfang, der den Teilnehmern der Rallye auf ihrem Weg durch Persien bereitet wurde. Wer könnte das je vergessen? Bei der kleinsten Bemerkung werden Erinnerungen wach, seltsame, schlimme, dramatische oder komische, rührende Momente, Angst, Wut, Freude kommen auf, während in das Gedächtnis schwache Umrisse von Landschaften, Gesichtern und Anekdoten gerufen werden: »Erinnerst Du Dich noch?«

Le Raid Afrique 1973

Alles an den Start, es geht los, oder fast: Die Rallye Citroën-Total-RTL ist geboren. Sie steht unter der Schirmherrschaft des Secrétaire d'Etat à la Jeunesse et aux Sports und findet im November in Afrika statt.

Der Start ist für den 29. Oktober geplant, und zwar von Abidjan; Ziel ist Tunis am 29. November. Die Rallye führt an der Elfenbeinküste vorbei, durch Ober-Volta, Niger, Algerien, Tunesien, was im ganzen ungefähr 8000 km sind.

Einige Teilnehmer der Rallye von Kaboul oder Persepolis meinten, die Route müsse noch sportlicher und abenteuerlicher sein. Dieses Mal werden sie nichts von dem vermissen, zumindest diejenigen, die auserwählt wurden.

Denn es versteht sich von selbst, daß es unmöglich war, sich zu Tausenden auf eine derartige Reise zu begeben: Zunächst die Straßen von Schwarzafrika, dann durch die nigerianische Sahara, die »Wüste der Wüsten«, in der man acht Tage lang auf Straßen verzichten und ohne Anhaltspunkt in dem riesigen Gelände ohne Wasserstätten, ohne Vegetation, kurz gesagt ohne alles vorwärts kommen muß. Nichts als Sand, wohin man schaut..., nein, das stimmt nicht ganz, denn es gibt einen einzigen Baum, ganz verkrüppelt und vom Wüstenwind verunstaltet. Das Gerippe klammert sich mit allen Kräften an seine Wurzeln, die die Feuchtigkeit 30 Meter tief suchen müssen. Dieser berühmte Baum, 280 km von Agades entfernt, ist der einzige Baum auf der ganzen Welt, der auf einer Landkarte markiert ist. (Mittlerweile wurde er durch einen Baum aus Metall ersetzt, da ihn ein libyscher Lastwagen umfuhr.) Danach geht es über das Ahoggar-Gebirge vorbei an den großen Oasen der Trans-Sahara-Route.

Die Strecke wurde im November und Dezember 1972 bis ins kleinste Detail von einem Citroën-Total-Team unter Mithilfe eines speziell für die Sahara ausgerüsteten Lastwagens von Berliet ausgearbeitet.

Dieses Team fuhr von Dakar aus los und legte rund 12 000 km zurück durch Senegal, Mali, die Elfenbeinküste, Ober-Volta, Niger, Algerien und Tunesien. Es hat dabei vor allem die bis dahin praktisch unbefahrbare Straße von Kayes nach Bamako zugänglich gemacht und die Landstriche Dogon, Sahel, Tenere, Tassili, Tademait und das Ahoggar-Gebirge erforscht.

Hundert junge Franzosen im Alter von 18 bis 30 Jahren sollten im November die schließlich festgelegte Route, die sowohl sportlich, als auch schwierig und berauschend war und sich an der Grenze des Möglichen bewegte, zurücklegen. Hundert Privilegierte, die aus allen Teilen Frankreichs und aus den verschiedensten Gesellschaftsschichten kamen und die die unterschiedlichsten Berufe hatten (Mediziner, Mechaniker, Intendanten, Redakteure, Fotografen, Kameramänner, Tontechniker, Graphiker...) waren unter den 944 Anwärtern ausgesucht worden. Sie traten die lange Reise nicht als Touristen an, denn jeder von ihnen war für etwas verantwortlich und hatte in der solid strukturierten homogenen Kollektivität eine bestimmte Rolle zu spielen.

Sechzig 2 CV und acht Berliet

Zwei Personen pro Wagen bilden eine Mannschaft (wobei 2 CV, Dyane und Lieferwagen erlaubt waren, die nicht älter als vier Jahre waren), fünf Mannschaften bilden eine Gruppe. Zwei Gruppen (also zehn Mannschaften plus zwei 2 CV (Organisatoren und Journalisten) und ein Berliet L 64 »Sahara-Lastwagen« bilden eine Einheit, die sich ab Niamey nie mehr trennen wird. Dadurch daß Citroën Berliet (deren berühmte Tenéré-Tschad-Mission im Jahre 1969 niemand vergessen hat) und deren auf die Sahara spezialisierten Fahrer zwecks der Versorgung während der Expedition um Hilfe gebeten hatte, hatten sie einen großen Trumpf in der Hand, was äußerst wichtig war, denn die Fahrt von sechzig 2 CV durch die nigerianische Sahara ist ein einmaliges Ereignis, eine »Premiere« die in den Annalen des Automobiles vermerkt wurde. Diejenigen, die dieses einzigartige Abenteuer miterleben durften, werden sich daran ihr ganzes Leben lang erinnern.

Was man von ihnen verlangt

Was für Kriterien muß man erfüllen, um zu den glücklichen Auserwählten zu zählen? Zuerst muß das Hindernis des Auswahlverfahrens überwunden werden. Dann müssen sie bis zur letzten Minute ihre freie Zeit (und ihre Ersparnisse) opfern und sich ganz den Vorbereitungen der Expedition, vor allem aber der Ausstattung ihres Fahrzeuges widmen. Und schließlich müssen sie während der ganzen Rallye beweisen, daß sie Nerven wie Drahtseile haben! Eine Wüste wie die nigerianische Sahara duldet keine Charakterschwächen; hier findet jeder sein wahres Ich durch die tiefen Einblicke in sein Inneres. Nichts als Sonne, Schweigen, Einsamkeit, Müdigkeit...

Die all dem standhalten, sind richtige Männer und haben den Beweis dafür geliefert.

Sie müssen zuerst den anderen so nehmen, wie er ist, ihm dann helfen, um gemeinsam die hervorragende Leistung erbringen zu können, die sie sich zum Ziel gesetzt haben.

Was man ihnen dafür bietet

Die Gelegenheit, ein wunderschönes, einmaliges, wenn auch nicht immer einfaches Abenteuer zu erleben. Citroën, Total und RTL ermöglichen den Jugendlichen all das, indem sie einfach eine Rallye organisierten und dabei die Kosten für den Transport der Fahrzeuge und deren Besatzung bis nach Abidjan und zurück von Tunis nach Marseille übernahmen (dort wurde die Rallye am 1. Dezember 1973 offiziell für beendet erklärt). Außerdem kamen sie für das Benzin auf und sorgten für einen gut durchorganisierten Ablauf der Rallye, also: Hilfe und Unterstützung durch den Einsatz der Lastwagen, Transport der Ersatzteile und Werkzeuge, der Benzinreserven, des Trinkwassers und der Lebensmittel. Außerdem sorgten sie dafür, daß die Rallye von einer kleinen Gruppe bestehend aus Spezialisten und erfahrenen Männern (zwölf Berliet-Chauffeuren und sieben Mechanikern der Renn-Abteilung von Citroën) betreut wurde. Weiterhin kümmerten sie sich um die administrativen Angelegenheiten, wie Zollformalitäten und Versicherungsangelegenheiten, verhandelten mit den Lieferanten für spezielle Zubehörteile um durch Sammelbestellungen die günstigsten Preise zu bekommen etc…

Zusammenfassend kann man sagen, daß Citroën, Total und RTL 100 jungen Menschen eine Expedition ermöglicht haben, die sie alleine vom finanziellen als auch praktischen Standpunkt aus gesehen nie hätten unternehmen können. Aber wodurch die Rallye auch ermöglicht wurde, waren die außerordentliche Qualität und die große Widerstandsfähigkeit des 2 CV's. Dank einer bewährten Konzeption wurde der billigste Personenwagen zum Geländewagen, für den fast nichts unmöglich ist. Mit der Afrika-Rallye 1973 erbrachte er dafür wieder einen neuen Beweis, und zwar den spektakulärsten, wodurch sich eine eindrucksvolle Welt auftat.

8000 Kilometer Abenteuer

Die Strecke begann an der Elfenbeinküste, 400 km von Abidjan entfernt. Während der ersten Kilometer hatte jeder Gelegenheit, sich mit den Straßenverhältnissen des afrikanischen Kontinents anzufreunden. Die Fahrt ging durch die tropischen Wälder im Norden der Elfenbeinküste, zu den Senoufos, den Malinkes, den

Sand, soweit das Auge reicht.

Menschen der Savanne, sie entdeckten den »Poro«, bei dem der Panther-Mensch tanzt und im Rhythmus der Zaubersprüche in die Höhe springt. Unsere Fahrer erreichten die ersten »Wellblech«-Gebiete, die »Schallmauer« der Autos, auf der im November immer riesige Baumstämme transportiert werden. In Ober-Volta, genauer gesagt in Bodo Dioulasso sahen wir die ersten Flußpferde; die Umgebung hatte sich verändert, das Klima wurde trockener, die Behausungen waren aus Lehm und die Straßenverhältnisse verschlechterten sich. Nach einem kurzen Aufenthalt bei den heiligen Alligatorentümpeln von Sabou erreichten wir Ouagadougou, eine bekannte Stätte afrikanischer Folklore, wo mancher Rallyeteilnehmer das Glück hatte, von Moro Naba, dem Kaiser von Mossis, eingeladen zu werden.

Anschließend kamen Fada N'Gourma, Niger und schließlich Niamey; die ersten Karawanen und Dromedare begegneten uns. In Birni-Nkonni änderte sich die Richtung der Rallye und führte direkt in den Norden durch den Landschaftsgürtel Sahel. Langsam wurden die Blätter zu Dornen, aber die großen Sandflächen waren noch von spärlicher Vegetation belebt. Jetzt führte die Rallye zum ersten Mal durch die Wüste; eine Wüste, die sich seit sieben Jahren zusehens gen Süden ausdehnt. Eine dramatische Progression, die in diesem Jahr durch eine extreme Dürreperiode zur Tragik wurde, weil sie Kulturen tötete und Menschen und Tiere verhungern ließ. Der gesamte südliche Teil der Sahara ist ständig bedroht und versetzt Millionen Menschen in Lebensgefahr.

Große »Tenéré-Premiere«

Ab Agades am Fuße des Air-Massivs haben unsere Fahrer Landschaften der absoluten Ruhe kennengelernt, an deren Horizont aus Sand kein Strauch oder Baum zu sehen ist. Tag für Tag kamen die 2 CV's vom Sonnenaufgang bis zum Einbruch der Dunkelheit nur langsam vorwärts. Versanken zuweilen bis zu zehn Mal am Tag im Sand, bis sie schließlich an den Palmenhain von Dirkou gelangten, entlang der Klippen von Kaouar fuhren und sich in Richtung Zumri bewegten, der von allen, die die Wüste durchqueren, voller Hoffnung angepeilt wird. Weiter ging es vorbei an Seguedine mit seinen verlassenen Salinen, durch die tote Stadt Djado und zur Oase von Chirfa.

Diese Route wurde im Jahre 1960 von der »Teneré-Delegation«, angeführt von Maurice Berliet, entdeckt. Als diese Delegation damals die Wüste durchquerte, gab es nur Brunnen und Dünen als Anhaltspunkte für die Fahrer. Schließlich führte die Rallye wieder über Straßen, an Steinen vorbei, die – anfangs im Abstand von rund 20 km – als Anhaltspunkt dienen.

Die Fahrt ging über den Wendekreis des Krebses und die Grenze zwischen Niger und Algerien, am Fuße des Tassili-Massivs vorbei und durch Djanet, die Oase, die aus drei kleinen Dörfern und einem wunderschönen Palmenhain besteht. Auf der felsenreichen und abschüssigen Strecke des Ahoggar-Gebirges entdeckten wir ein neues Relief, eine neue Landschaft und damit auch neue Schwierigkeiten: die Fahrt ging über Geröll an steilen Abhängen entlang und schließlich erreichten wir das 2918 Meter hoch gelegene Assekrem, wo Charles de Foucould ein Einsiedler-Dasein führte. Anschließend die schwindelerregende Abfahrt nach Tamanrasset, die Schlucht von Arak, Ain Salah, das Tademait-Plateau und die Oasen El Golea und Ghardaia.

Die Namen wurden uns wieder vertrauter: Ouargla, Stätte der Sand- und Salzrosen. Hassi-Messaoud mit seinen Ölquellen, Touggourt, El Oued, die tunesische Grenze und seine Oasen Nefta und Tozeur. Bei Sfax erreichte die Rallye wieder das Mittelmeer, führte durch El Djem mit seinem wunderschönen Amphitheater, Kairouan, heilige Stätte des Islam und schließlich Tunis, letzte Etappe vor der Rückkehr nach Marseille.

4×4 Sahara

Die Sahara-Ente

Bei einer Ente ist nichts unmöglich. Die tollsten Umbauten, die waghalsigsten Abenteuer, die unmöglichsten Rennen – aber eine Ente mit zwei Herzen? Natürlich gab es auch die – und zwar höchst offiziell. Schon 1954 hatten sich einige Citroën-Händler den Spaß geleistet und einigen Serien-2 CV einen zweiten Motor eingepflanzt. Auch bei der Versuchsabteilung von Citroën hatte man sich mit dieser Idee bereits auseinandergesetzt, feste Formen nahm sie aber erst an, nachdem eine Marktanalyse ein ernsthaftes Kundeninteresse bei der Polizei, Förstern, Baufirmen und in Übersee aktiven Unternehmen aufzeigte.

Zwei Prototypen wurden gebaut und die Firma Panhard (die zu dieser Zeit gerade von Citroën übernommen wurde) beauftragt, die Serienfertigung zu übernehmen. Auch Panhard stellte noch zwei Prototypen auf die Räder, und auf einem Militärgelände in der Nähe von Fontainebleau wurden die Allrad-Enten auf Herz und Nieren getestet (dem Vernehmen nach soll bei diesen Parforce-Ritten eines der »Versuchstiere« geviertteilt worden sein, als ein Testfahrer »Vollgas« über einen kleinen Hügel flog).

1958 war es dann soweit – die Sahara-Ente wurde der Öffentlichkeit vorgestellt. Etwas hochbeiniger wegen der geänderten Federung, mit zwei Tanks unter den Vordersitzen und Einfüllstutzen, die aus den vorderen Türen herausschauten, hob sie sich von ihren einfachen Artgenossen ab.

Ihr Innenleben (neben den Motoren vorne und hinten auch zwei serienmäßige Vierganggetriebe, die über einen Schaltknüppel auf einem Mitteltunnel bedient wurden) versetzte sie immerhin in die Lage, selbst auf sandigem Untergrund und mit vier Personen an Bord Steigungen bis zu 45 Prozent zu erklimmen. Schlamm, Schnee und Regen konnten sie nicht aus der Ruhe bringen – auch im Winter auf der Autobahn waren 100 km/h immer problemlos fahrbar.

Wer es auf normalen Straßen langsamer angehen lassen und dazu noch Benzin sparen wollte, der konnte auch den hinteren Motor ganz abstellen (bei einigen Modellen wahlweise den hinteren oder den vorderen). Insgesamt hatte man mit einfachsten Mitteln ein Allround-Vehikel geschaffen, das nur einen Nachteil hatte – es verkaufte sich zu schlecht, der Kundenkreis erwies sich als zu begrenzt, und so erblickten nur 694 Sahara-Enten das Licht der Welt. Und heute? Heute gehört sie zu den gesuchtesten Sammlerstücken!

ANATOMIE EINER ENTE.

VOM FAHRERSITZ AUS HÖHENVERSTELL-
BARE SCHEINWERFER, DAMIT DIE ENTE
NACHTS NICHT VOM WEG ABKOMMT

KLAPPROLLDACH FÜR
SONNENHUNGRIGE ENTENFAHRER.

LUFTSCHLITZE, DAMIT DIE
ENTE IMMER FRISCHE LUFT
SCHNUPPERN KANN.

JAHRESGARANTIE OHNE KILOMETERBEGRENZUNG,
DAMIT DAS KÜKEN IN RUHE FLÜGGE
WERDEN KANN (EIN GUTER START FÜR EIN
LANGES ENTENLEBEN).

LENKRADSCHLOSS
GEGEN WILDDIEBE.

KONTROLL-LEUCHTE MIT TEST-
KNOPF FÜR BREMSFLÜSSIGKEIT,
ÖLDRUCK-KONTROLL-
LEUCHTE, DAMIT SIE SEHEN, OB
DAS ENTENHERZ
IMMER GESUND UND
MUNTER IST.

SICHERHEITSGURTE VORN UND HINTEN, DAMIT
ENTENFAHRER KEINE FEDERN LASSEN.

HERAUSNEHMBARE RÜCKSITZBANK,
DAMIT SIE AUS DER ENTE EINEN LASTESEL
MACHEN KÖNNEN.

KOFFERRAUM MIT
250 LITER INHALT,
RAUM GENUG
FÜR GROSSES UND
KLEINES ENTEN-
GEPÄCK!

VERSTELLBARE
VORDERSITZE FÜR EINEN
BEQUEMEN FLUG.

LUFTGEKÜHLTER ZWEI-ZYLINDER-
MOTOR MIT 21 KW (29 PS) KEINE
LAHME ENTE. DAMIT WATSCHELT SIE IMMER-
HIN 113 KILOMETER IN DER STUNDE.

25 LITERTANK, GROSS GENUG FÜR DEN
KLEINEN ENTENDURST (NACH DIN 70030 IN DER
STADT 6,9 L UND BEI 90 KM/H 6,0 L SUPER).
DAS REICHT FÜR EINEN 416 KM LANGEN ENTENFLUG.

EINZELRADAUFHÄNGUNG
UND FRONTANTRIEB, DAMIT DIE ENTE
IMMER DIE KURVE KRIEGT.

GÜRTELREIFEN, DAMIT DIE ENTE NICHT
INS SCHWIMMEN KOMMT.

Seit Jahr und Tag ist die Ente (lateinischer Name: anas platyrhynchos, französischer Name: 2CV) ein vertrauter Vogel in Stadt und Land.

Einmal im Jahr schwirren Scharen von Enten aus. Gehen auf die grosse Reise. Die einen zieht es zum Nordkap, andere quer durch die Sahara und manche schaffen sogar die Reise rund um die Welt.

Die Ente ist eben von Natur aus ein ausdauernder, zuverlässiger und genügsamer Vogel mit hoher Lebenserwartung.

Welche Fähigkeiten er unter seinem Gefieder verbirgt, können Sie oben nachlesen und wenn Sie alles zusammenzählen, merken Sie, dass die Ente eigentlich unbezahlbar ist.

Ente gut, alles gut: das sagen alle diejenigen, die wissen, dass Entenfahren heute immer noch zu den preiswertesten Arten gehört, Auto zu fahren. Übrigens: 850 Citroënhändler in Deutschland kümmern sich um die Gesundheit Ihrer Ente.

Ob auf dem Weg nach Persepolis (oben) oder durch die afrikanische Wüste (unten), die Teilnehmer dieser Fernreisen hatten viel zu erleiden, aber auch viel zu erleben.

Sonnenuntergang in der
Wüste und Begegnungen mit
fremden Kulturen.

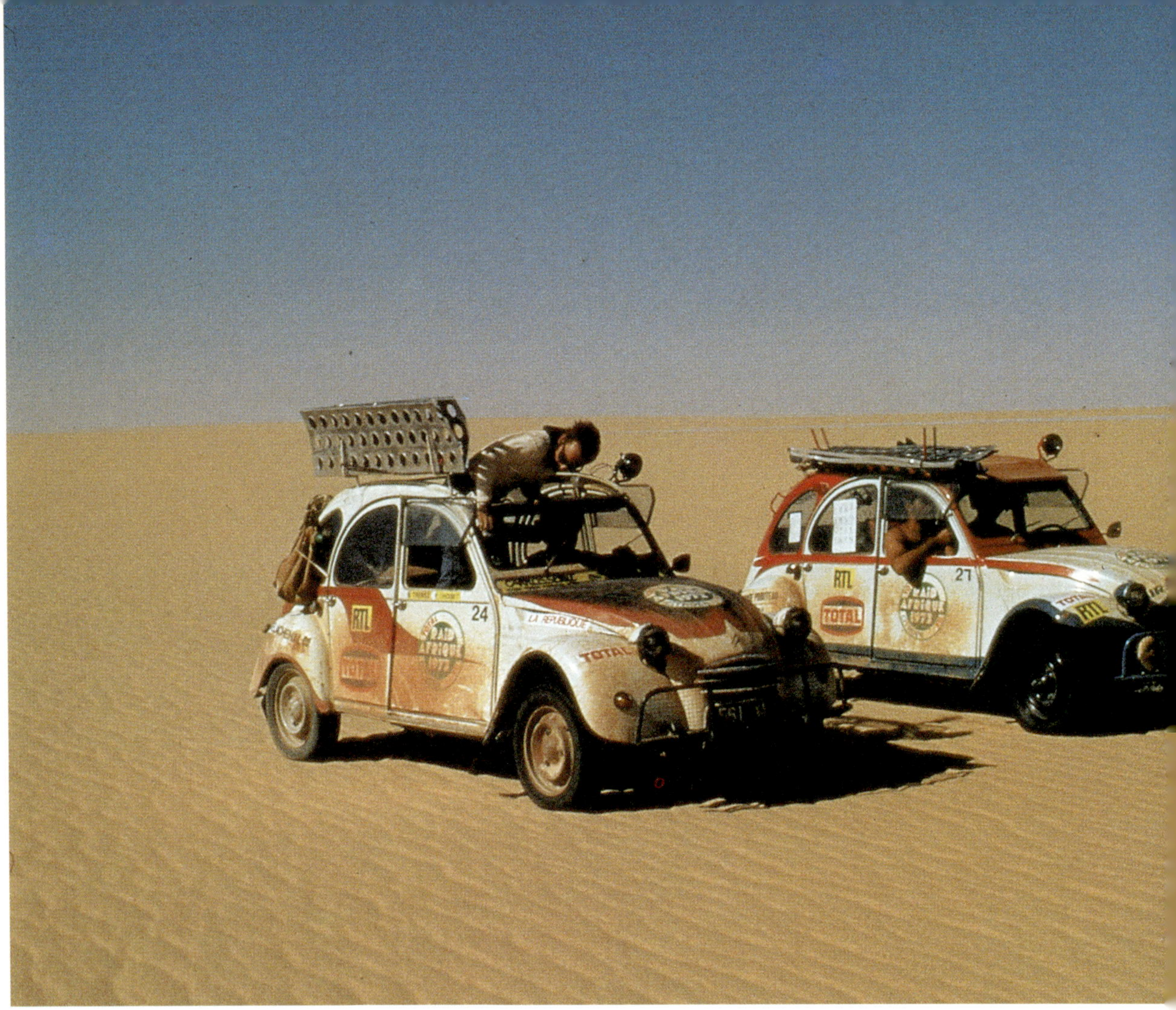
RTL
24
LA REPUBLIQUE
TOTAL
RTL
27
TOTAL

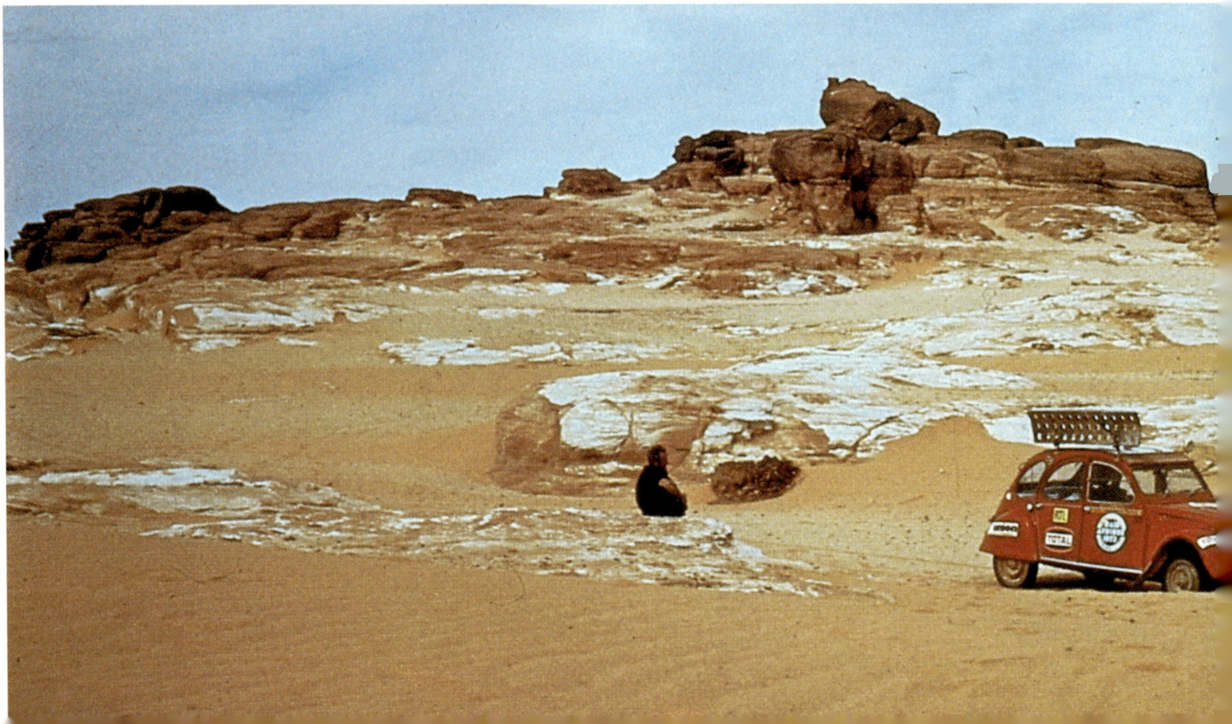

Bilder, die für sich sprechen: 2 CVs auf dem Wege durch die Sahara.

57

Besprechung vor dem Start: Bei Touren durch den schwarzen Kontinent muß die Organisation perfekt sein.

Denn Streckenabschnitte wie diese...

…erfordern ein
Höchstmaß…

…an Vorbereitung und
fahrerischem Können.

Ob in Oasen oder auf der Staubpiste: Stets trat der 2 CV in Rudeln auf.

Entfesselte Enten

Röhrende, rasende Enten, humpelnde, flügellahme Enten, hüpfende, ja sogar fliegende Enten, Enten-Power-Slide, Enten-Purzelbäume und Tausende von begeisterten Zuschauern, das gab es fast in ganz Europa – nur nicht in der Bundesrepublik. Wenn bei einer beschaulichen Überlandfahrt in Frankreich, Spanien, Portugal oder der Schweiz in der Nähe eines stillgelegten Steinbruchs mal ein Kotflügel durch die Luft gesegelt kam, wenn aus einer Kiesgrube in Holland, Italien oder England dichte Staubwolken aufstiegen oder über ein Geröllfeld in Österreich oder Belgien wild verbeulte Blechhaufen hintereinander herjagten – kein Grund zur Beunruhigung, es wird sich nur um Verrückte einer ganz besonderen Spezies gehandelt haben, um Pop-Cross-Fahrer, eine »Spezialeinheit« der Enthusiasten.

Nach festen Regeln und vor allen Dingen mit viel Spaß rasten hier entfesselte 2-CV-Piloten bei den billigsten Autorennen der Welt sportlichem Lorbeer hinterher, daß die Fetzen flogen. Was macht's, daß schon nach der ersten mit Vollgas genommenen Kurve Einzelteile der

Keine Siegeschancen: Modell-Cross-Ente.

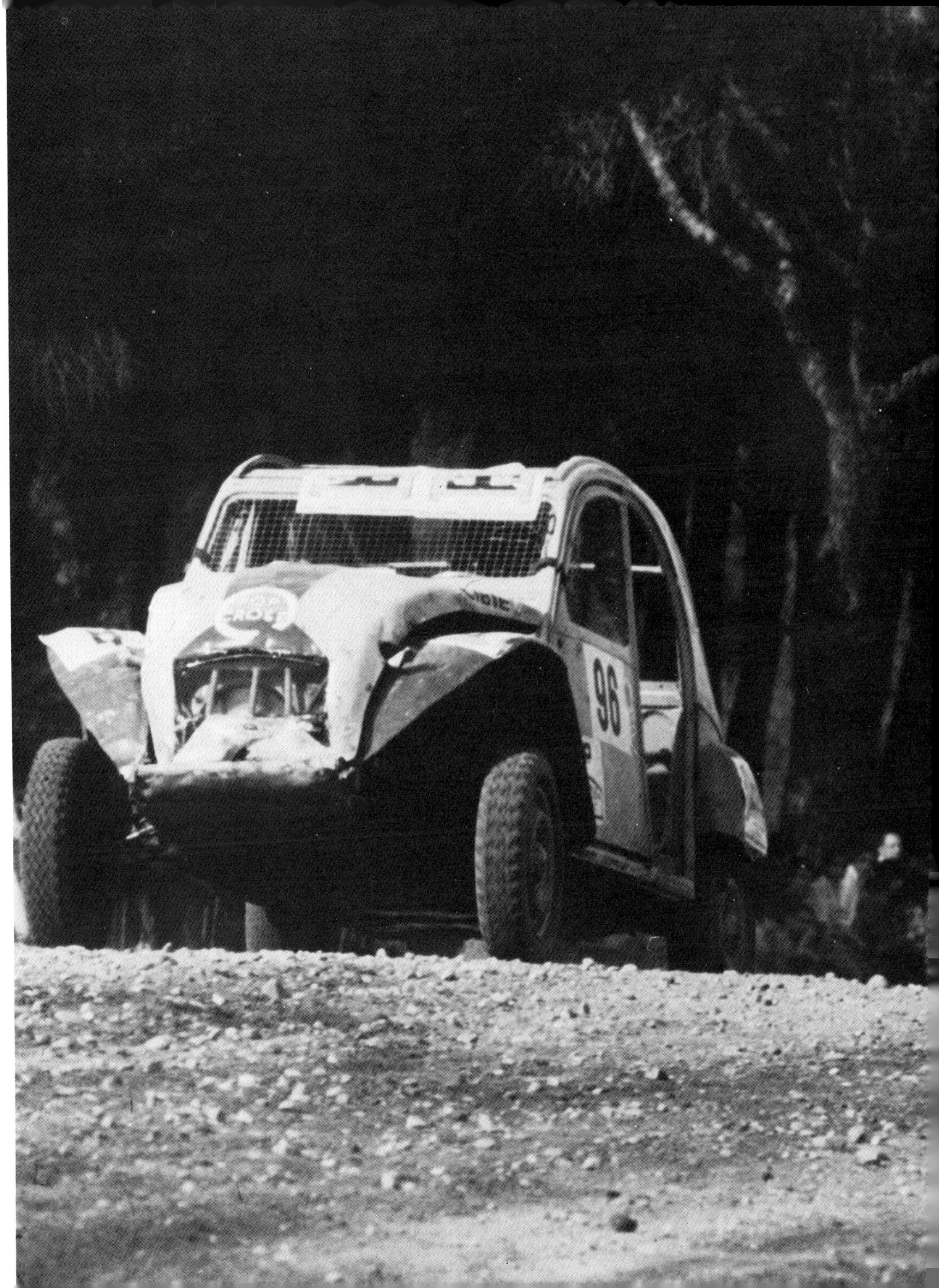
96

Flugente bei der Landung.

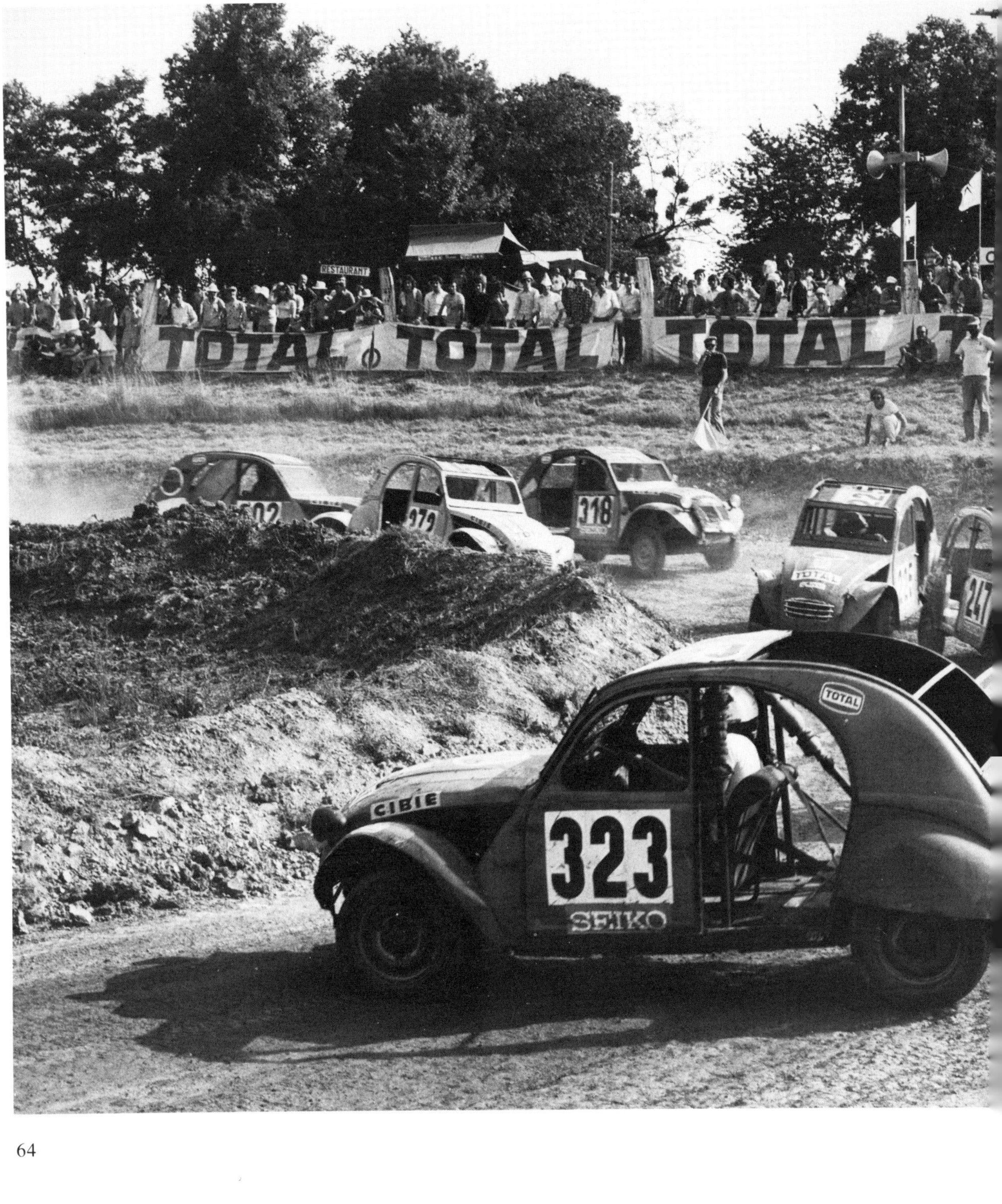
RESTAURANT
TOTAL
TOTAL
TOTAL
318
TOTAL
CIBIE
323
SEIKO

Karosserie das Weite suchten, ein Hinterrad recht ungraziös den Bodenkontakt verlor und auch nie wieder gewann? Stehenbleiben gilt nicht!

Hauptsache der Nebenmann, der Tür an Tür und mit mittelschweren Remplern um jeden Zentimeter kämpfte, konnte in Schach gehalten werden. Vielleicht half ja das Rennglück ein bißchen nach und der hartnäckige, über und über mit Schlamm verschmierte Konkurrent kippte schon in der nächsten Kurve aus den Latschen, streckte alle Viere in die Luft – zur Freude der Zuschauer und der verbleibenden Ententreiber, die ohne Rücksicht auf Schlamm, Staub oder Hitze diese verwegene Form der Fortbewegung heiß und innig liebten.

Warum? Das ist eigentlich recht einfach zu erklären. Wohl kaum ein Autorennen war klassenloser in jeder Beziehung, kaum ein Autorennen war billiger, attraktiver und lustiger sowohl für Zuschauer als für Aktive und bei keiner Rennsport-Veranstaltung ging es nach der wilden Hatz geselliger zu. Schließlich reiste man zum Enten-Cross standesgemäß im 2 CV an, brachte Freundinnen, Freunde und Kinder mit und nach vollbrachter Tat gehörte ein zünftiges Lagerfeuer mit den noch vor wenigen Minuten erbitterten Gegnern und den Fans von der Strecke einfach dazu. Eine andere, sehr plausible Erklärung einer begeisterten Cross-Führerin: »Hier kann ich explodieren, kann mich richtig austoben und den Alltagstrott mit all seinen ermüdenden Begleiterscheinungen vergessen.« Ganz nebenbei gab es keine motorsportliche Disziplin, bei der es weniger ernsthafte Verletzungen gab als beim Enten-Cross – nämlich keine!

Angefangen hatte der ganze Spaß schon 1972, ganz genau am 22. Juli jenes Jahres. An diesem Tag wurde in einem Steinbruch bei Argenton-sur-Creuse, in der Nähe von Poitiers, der erste 2-CV-Cross ausgetragen. Es ging darum, zu beweisen, daß man wie ein Wahnsinniger fahren kann bei nur 70 km/h Spitze. Die Idee dazu kam Jacques Wolgensinger, dem langjährigen Public-Relation-Direktor von Citroën, beim »Raid Paris–Persepolis« als er die akrobatischen Kunststückchen der 2-CV-Fahrer auf den chaotischen Straßen des mittleren Orient bewunderte. Als dann 1972 eine Pause bei den Fernfahr-

Auf der Rennstrecke konnte sogar der Fronttriebler 2 CV driften.

65

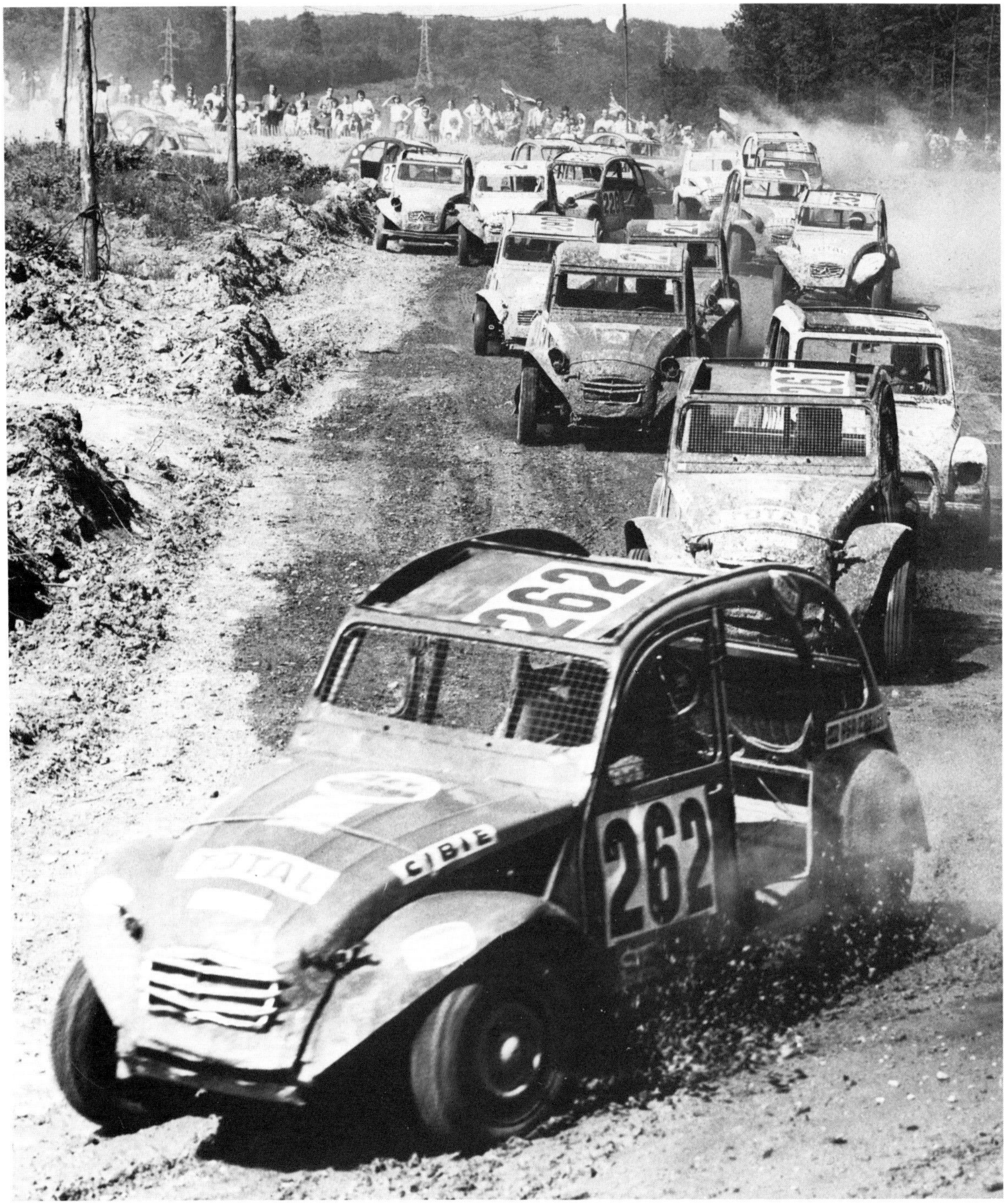
262
CIBIE
262

Eine Spezialität der Cross-Rennen war der Massenstart, der die Herzen der Zuschauer und die Nerven der Fahrer gleichermaßen belastete.

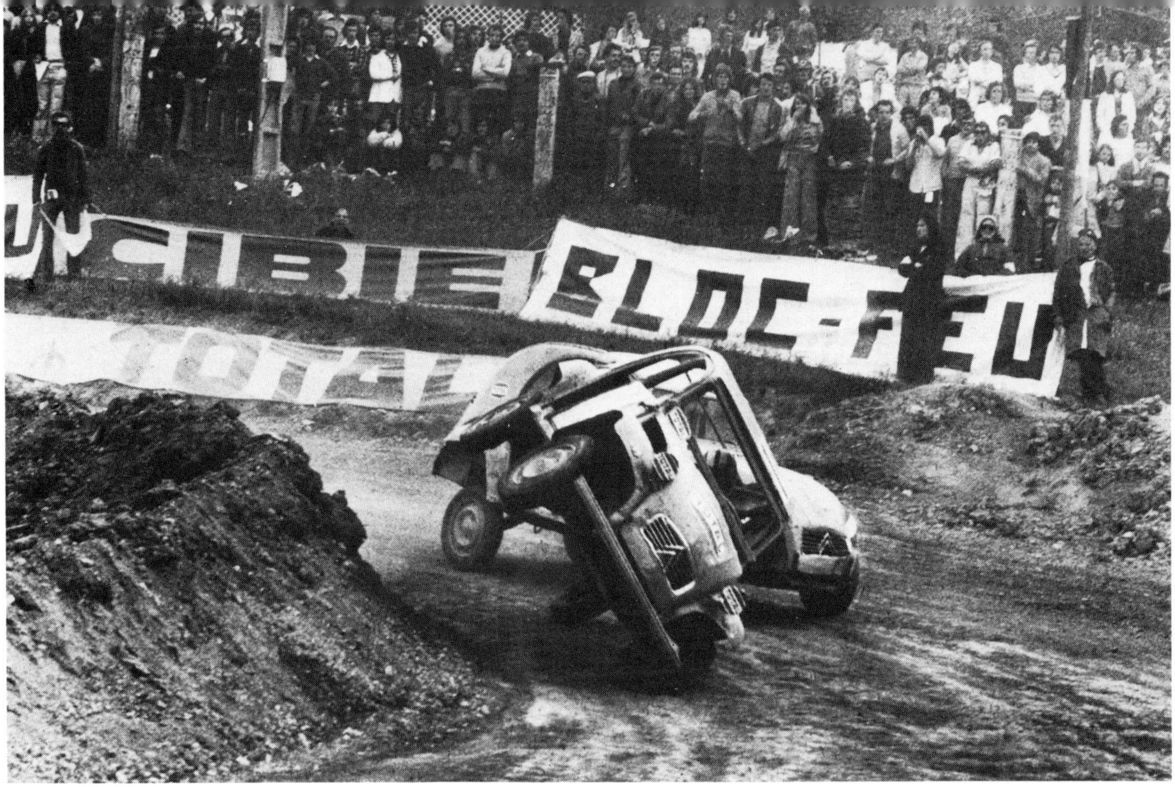
CIBIE
BLOC-FEU

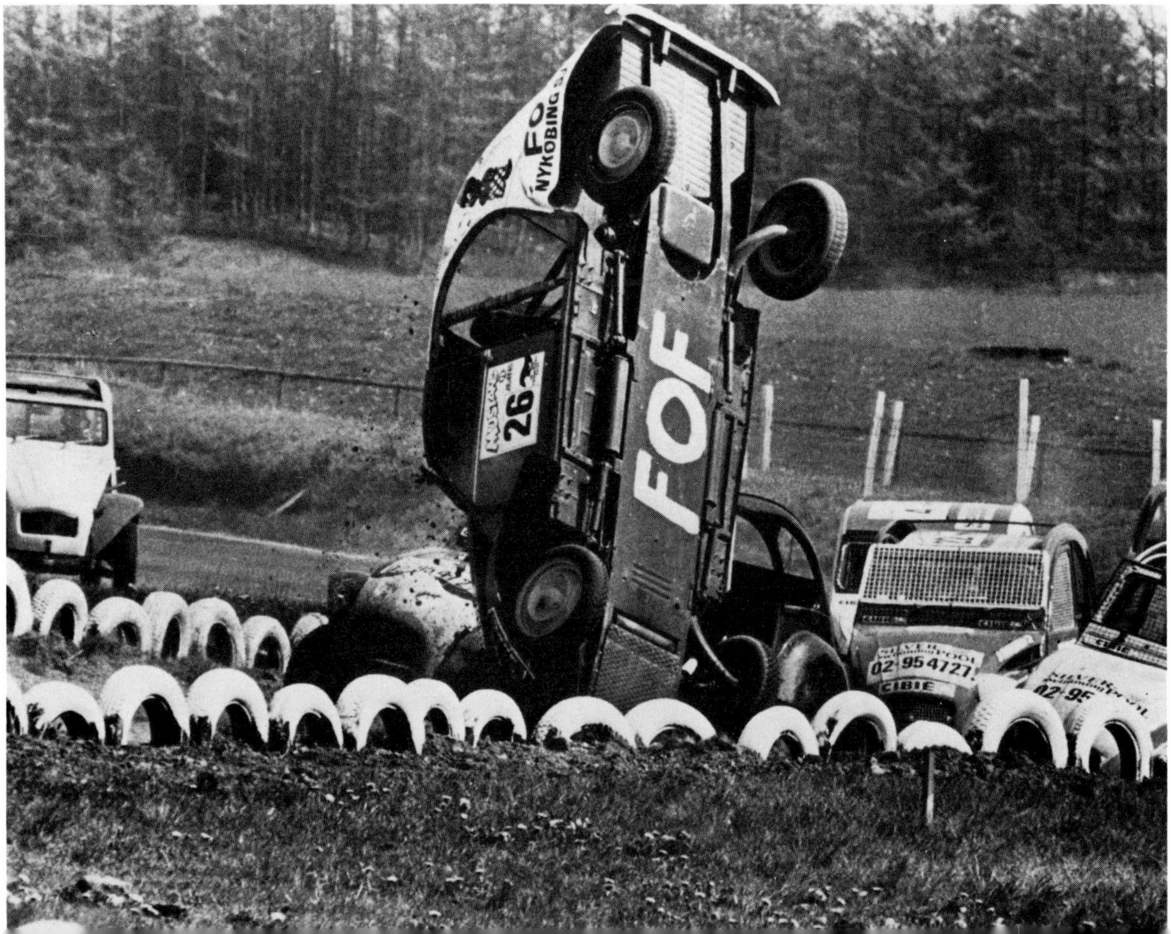
FOF
FOF
26
02-954727
CIBIE

Entgegen anderslautenden Gerüchten gab es keine Sonderprämien für besonders spektakuläre Einlagen.

Da das Stoffdach kaum Stabilität zu vermitteln vermag, wurde es entfernt und durch einen Überrollbügel ersetzt.

ten eintrat, um den »Raid Afrique« vorzubereiten, kramte Jacques Wolgensinger seinen Einfall wieder hervor, ein derartiges Fahrabenteuer über Stock und Stein direkt vor der Haustür mitten in Frankreich zu ermöglichen.

Kaum ist der Vorschlag gemacht, wird er von einigen begeisterten Enten-Treibern in die Tat umgesetzt. Ex-Kabul-Fahrer steuern ihre Erfahrungen bei, Planierraupen präparieren das Terrain in Argenton-sur-Creuse – der 2-CV-Cross ist geboren.

Von da an geht es Schlag auf Schlag. In allen Ecken Frankreichs werden Pop-Cross-Rennen organisiert, die Zuschauer kommen zu Zehntausenden und das Pariser Magazin »L'Express« meldet: »Beaucoup plus marrant que les 24 heures du Mans!« (Viel lustiger als die 24 Stunden von Le Mans). Die Streckenführung ist so ausgelegt, daß die Konkurrenten eine maximale Geschwindigkeit von 70 km/h nicht überschreiten können... Die Piste ist zwischen zehn und zwölf Meter breit. Alle Rennen gehen seit 1977 ausschließlich in folgenden Kategorien über die Bühne: Erlaubt sind nur 2 CV's und Dyanes, ausgestattet mit 375-, 425-, 435- oder 602-ccm-Motor. Alle Einzelteile von Motor, Getriebe und Fahrgestell müssen der Serie entsprechen, nur am Vergaser darf manipuliert werden.

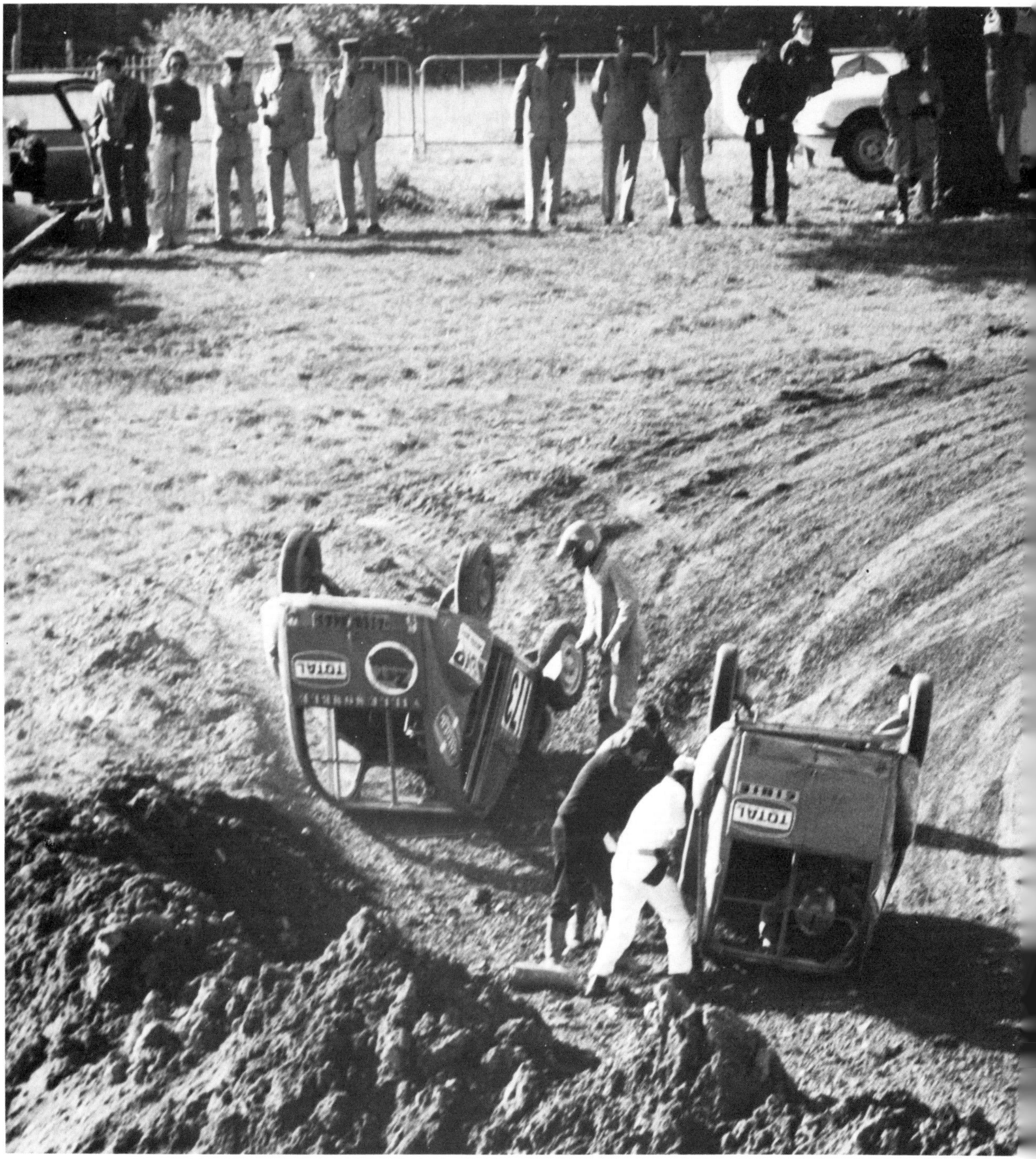
TOTAL
TOTAL

Die beiden Enten links werden demnächst von ihren Fahrern wieder aufgerichtet werden und – mit etwas Verspätung – weiterfahren.

So präsentierte sich ein reglementgerechter 2 CV.

Die vorderen und hinteren Kotflügel dürfen auf ein Minimum beschnitten werden unter der Bedingung, daß die Kanten abgerundet und nicht scharfkantig sind. Die Motorhaube darf nicht beschnitten werden. Das Entfernen der Windschutzscheibe ist erlaubt, wenn sie durch ein starkes Gitter ersetzt wird. Maschendrahtgeflecht oder Kunststoffgitter werden nicht akzeptiert. Die Scheiben der Vordertüren und der kleinen hinteren Seitenfenster müssen entfernt werden, ebenso wie die hinteren Türen und die Rolldächer. Die Lampen dürfen umgedreht oder demontiert werden. Erhalten bleiben müssen dagegen die vorderen Seitentüren und die Kofferraumklappe; die Fahrzeuge müssen obligatorisch mit einem Überrollkäfig und festem Dach aus einer Stahlplatte ausgerüstet sein, die fest mit dem Rahmen verschweißt wird. Die Cross-Piloten sind verpflichtet, sich mit Vierpunkt-Gurten anzuschnallen, sowie Helme und Handschuhe zu tragen. Um die Brandgefahr zu verringern, dürfen nur fünf Liter Sprit im Tank mitgeführt werden.

Schon bald breitet sich das Pop-Cross-Fieber aus. Portugal wird als erstes Land infiziert, Spanien folgt kurze Zeit später, dann ist die Schweiz dran, England und Österreich verschreiben sich ebenso dem wilden Spektakel wie Italien, das 1976 von der 2-CV-Cross-Welle erfaßt wird. Ein Jahr später können auch Belgien und Holland nicht länger ohne Pop-Cross leben und am 27./28. Mai 1978 wird im belgischen Tournai bereits der hundertste internationale 2-CV-Cross-Lauf gestartet.

Jetzt wird's knapp: Drei Enten im Clinch.

Ein anderes Jubiläum – das Zehnjährige nämlich – erlebt der Enten-Cross zumindest offiziell allerdings nicht mehr. In den Jahren 1980/81 zog sich Citroën Schritt für Schritt und Land für Land aus dem Spektakel, das Hunderttausende begeisterte, völlig zurück. Der Grund? Ein schöner Schwan hatte dem häßlichen Entlein den Rang abgelaufen in der Gunst der schnöden Werbe- und PR-Menschen. Sie huldigten seitdem dem Visa und putzen ihn als Rallye-Star heraus – eine Rolle, die ihm zugegebenermaßen recht gut steht.

Ganz tot ist der Enten-Cross deswegen übrigens trotzdem nicht. Einige Unentwegte finden sich auf privater Basis immer wieder zusammen, um ihre entfesselten Enten über die Pisten zu jagen, und in Dänemark sollen sogar heute noch einige Citroën-Offizielle den rasenden Enten hilfreich unter die Flügel greifen...

Technische Daten

Der Urtyp 1936

Motor
Hubraum: 375 ccm
Bohrung×Hub: 62 mm×62 mm
Leistung: 8 PS bei 3200 U/min
Länge×Breite×Höhe: 390 cm×145 cm×155 cm
Leerwicht: 370 kg
Höchstgeschw.: 55 km/h
Produktion: 250 Stück
Farben: grau

Die wichtigsten Änderungen: Protoypen des 2 CV Vorderradantrieb, Zahnstangenlenkung, hydraulische Trommelbremse in Vorderradnabe, mechanische Bremse am Hinterrad (Trommelbremse), 1 Scheinwerfer, Motor wassergekühlt, Batteriezündung mit Spule und Abreißzündmagnet, Antrieb der Lichtmaschine direkt durch Kurbelwelle (kein Keilriemen), Kurbelstarter (kein Anlasser), Verbrauch 5 l/100 km, 3 Vorwärtsgänge – 1 Rückwärtsgang, Kotflügel aus Blech, der Rest aus Duralinox. Nur 1 Prototyp hat überlebt, der Rest wurde zerstört. Reifen: Michelin Pilote 125×400.

Um- und Anbauten werden von aktiven 2 CV-Fahrern oft und gerne in Angriff genommen.

Auch Gänse können eine
Ente gut zur Geltung
bringen!
Ein schwedischer
„Sahara" 4 × 4.

Ob mit Schwiegermuttersitz oder mit Aufbau: 2 CV-Fahrer sind gesellige Menschen.

In dem Citroën-Zweigwerk in Slough (GB) wurde der »Bijon« auf 2 CV-Basis gebaut. Die Serie wurde nach knapp 200 Exemplaren eingestellt, da der Wagen zu teuer war.

Für den Farmer: 2 CV mit Ladefläche.

Besonders beliebt sind Mercedes-Grills und der große Kofferraum-Einsatz.

Auch Kunstmaler haben ihre Freude am 2 CV.

Zwei, die sich mögen (unten).

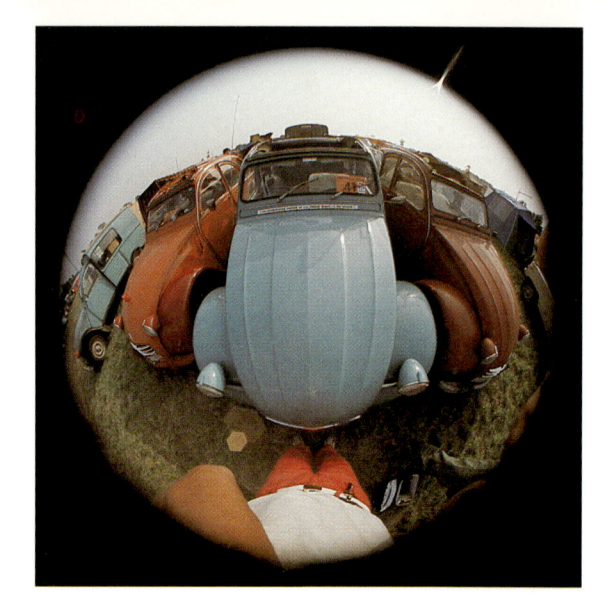

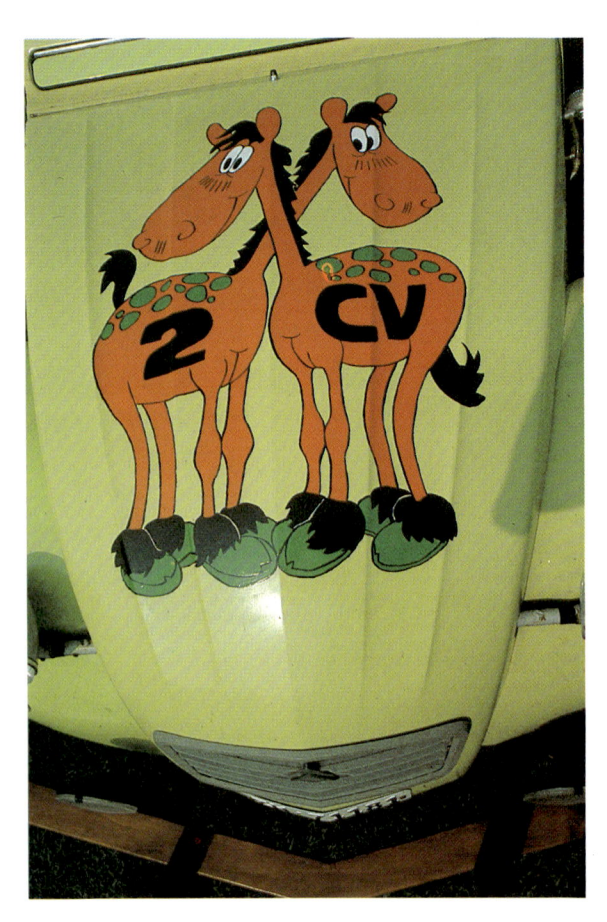

Modelljahr 1948/49

Motor
Hubraum:	375 ccm
Bohrung×Hub:	62 mm×62 mm
Leistung:	9 PS bei 3500 U/min
Drehmoment:	2 mkg bei 200 U/min
Verdichtung:	6,25:1
Länge×Breite×Höhe:	378 cm×148 cm×160 cm
Gewicht:	495 kg
zul. Gesamtgewicht:	825 kg
Höchstgeschw.:	65 km/h
Produktion:	876 Stück
Farben:	Graumetallic, Räder alufarben
Preise:	228 000 FF

Die wichtigsten Änderungen: Motor nun luftgekühlt, elektrischer Anlasser direkt auf Kurbelwelle, Blinker auf den Kotflügeln, Einscheiben-Trockenkupplung, Scheibenwischer über Tachowelle angetrieben, Elektrik: 6 Volt 50 Amp., 1 Bremslicht, 1 Rücklicht, Reifen-Größe 125×400, Premiere: Pariser Salon 1948, Preis 185 000 FF bei der Auslieferung 1949 wurde der Preis auf 228 000 FF erhöht.

Modelljahr 1950

Produktion:	6196 Stück
Farben:	Graumetallic, Scheinwerfer auf Wunsch schwarz
Preise:	235 000 FF

Modelljahr 1951

Produktion:	14 592 Stück
	Fourgouette 1696 Stück
Farben:	Scheinwerfer wieder grau wie Karosserie
Preise:	ab Mai 283 000 FF

Die wichtigsten Änderungen: Preis Oktober 1950 – Mai 1951: 239 400 FF, Zündschloß rechts am Armaturenbrett, Fahrertür- und Zündschlüssel identisch. Ab März 1951 Kastenwagen Fourgonette. Leergewicht: 515 kg, zul. Gesamtgewicht: 835 kg, Höchstgeschwindigkeit: 60 km/h.

Modelljahr 1952

Produktion:	21 124 Stück/
	Fourgonette 7711 Stück
Farben:	dunkleres Grau / Felgen gelb
Preis:	341 870 FF

Die wichtigsten Änderungen: Preis Oktober 1951 bis Mai 1952: 323 000 FF, Türen aus Stahlblech gestanzt, seitliche Versteifung der Motorhaube, Drehgriff für Haubenverschluß.

Modelljahr 1953

Produktion:	35 361 Stück
	Fourgonette 13 121 Stück
Farben:	Felgen elfenbein
Preis:	341 870 FF

Die wichtigsten Änderungen: September 1952: Der achtflügelige Ventilator wird durch einen vierflügeligen ersetzt. Die Motorhaube wird nur noch durch einen Stab aufrecht gehalten.

Modelljahr 1954

Produktion:	52 791 Stück
	Fourgonette 19 197 Stück
Preise:	341 870 FF / 4700 DM

Die wichtigsten Änderungen: September 1953, neue Innenausstattung: Sitzbezüge mit Schottenkaro

Modelljahr 1955

Motor	
Hubraum:	425 ccm
Bohrung×Hub:	66 mm×62 mm
Leistung:	12 PS bei 3500 U/min
Drehmoment:	2,2 mkg bei 2000 U/min
Höchstgeschw.:	80 km/h
Produktion:	2CVA 3900 Stück
	2 CVAZ 66150 Stück
	Fourgonette 23940 Stück
Farben:	Lenkrad hellgrau
Preise:	2 CVA 341870 FF/4700 DM
	2 CVAZ 366000 FF

Die wichtigsten Änderungen: Ab September 1954 neuer Motor im 2 CVAZ. Nun Fliehkraftkupplung und vollgekapselte Zündspule. Ventilator sechsflüglig. Zusätzliche seitliche Blinker am hinteren Dachholm. Zwei Rückleuchten, von denen eine als Bremslicht geschaltet ist. Überarbeitetes Armaturenbrett mit beleuchtetem Tacho und Blinker- und Lichtschaltern. Gummihalterung zur Fixierung der geöffneten Fenster. Solex-Vergaser 26 BCI. Von Januar bis April 1955: Unverkleidete Längsfedern.
Fourgonette: gleiche Veränderungen außer Fehlen der Fliehkraftkupplung.

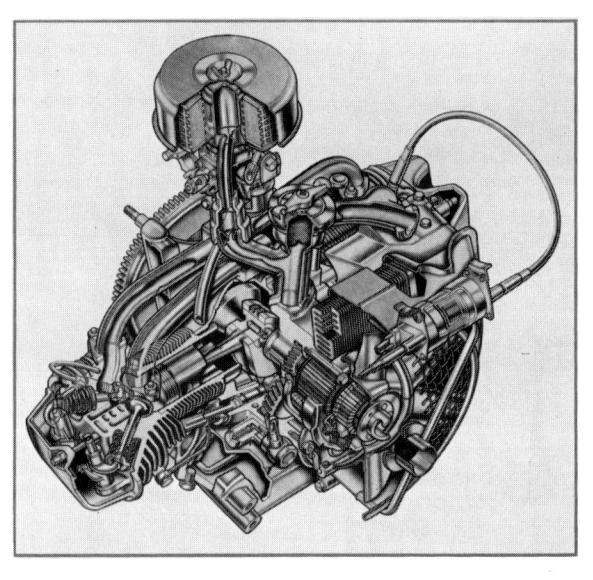

Modelljahr 1956

Produktion:	2 CVA 215 Stück
	2CV AZ 98415 Stück
	Fourgonette 23859 Stück
Preise:	A 346200 FF
	AZ 362400 FF

Die wichtigsten Änderungen: November 1955: Beim 2 CV AZ Erhöhung der Verdichtung von 6,2 auf 7,0 durch geänderte Kolben. Januar 1956: Regenablaufleiste an den vorderen Türen. April 1956: Gummidichtung für vordere Klappfenster.

Modelljahr 1957

Produktion:	107 251 Stück
	Fourgonette 31 431 Stück
Farben:	Sitzbezüge blau, grün, rot
Preise:	2 CV A
	1.1.–31.5.57 352 100 FF,
	danach 370 000 FF
	2 CV AZ
	1.1.–31.5.57 373 600 FF,
	danach 399 500 FF
	2 CV AZL
	1.1.–31.5. 57 399 500 FF,
	danach 420 000 FF
	2 CV AZ 4650 DM

Die wichtigsten Änderungen: Ab Dezember 1956: Neues Modell AZL. Gleiche Technik wie AZ. Optik geändert: Innen Defrosterdüse für die Frontscheibe, grauer Schaltknopf, Lichtschalter und Fahrtrichtungsanzeiger am Armaturenbrett. Außen: Karosserie überarbeitet, Rückfenster vergrößert, Dach aus Synthetikmaterial abgestimmt auf den Innenraum. Zusätzliche Zierleiste auf Motorhaube und Stoßstange.

Modelljahr 1958

4×4 »Sahara«	
Motor	
Hubraum:	2×425 ccm – total 850 ccm
Leistung:	2×12 PS bei 3580 U/min
Drehmoment:	2×2,2 mkg bei 2000 U/min
Länge×Breite×Höhe:	378 cm×148 cm×160 cm
Gewicht:	735 kg
Zul. Gesamtgewicht:	1040 kg
Höchstgeschw.:	100 km/h
Produktion:	126 392 Stück
	Fourgonette 37 631 Stück
Preis:	A 374 000 FF
	AZ 403 500 FF
	AZL 424 000 FF
	AZLM 430 000 FF

Die wichtigsten Änderungen: September 1957: Vorstellung 2 CV Export »Luxe« mit drei Fenstern auf jeder Seite und fest verschließbarem Kofferraumdeckel. Frühjahr 1958: Vorstellung des 4×4 »Sahara« – Auslieferung erst ab 1959. Zwei Motoren und zwei Getriebe mit je vier Gängen, zwei hydraulisch betätigte Kupplungen und ein Schaltknüppel. Durch einen vom Fahrersitz zu betätigenden Trennhebel läßt sich das hintere Getriebe auf Leerlauf stellen. Falls nur mit dem Heckmotor gefahren werden soll, dann wird das Frontgetriebe auf Leerlauf gestellt.

Modelljahr 1959

Produktion:	146 231 Stück
	Fourgonette 50 058 Stück
Preise:	A 410 800 FF
	AZ 443 500 FF
	AZL 465 700 FF
	AZLM 472 200 FF
	4×4 859 800 FF
	in D ca. 9000 DM

Die wichtigsten Änderungen: Produktionsaufnahme 4×4 »Sahara«. Insgesamt werden 694 Exemplare des 4×4 »Sahara« gebaut. Mai 1959: Für alle Typen – neue Heizung, vergrößerte Frontscheibendefrosterdüse, Zugknöpfe für die Heizungsregulierung.

Modelljahr 1960

Produktion:	152 821 Stück
	Fourgonette 57 724 Stück
Farben:	gletscherblau mit
	blauem Dach
	Innenraum blau
Preise:	AZ 444 900 FF
	AZL 467 100 FF
	AZLM 473 600 FF
	4×4 862 000 FF
	AZ 3650 DM
	AZL 3950 DM

Die wichtigsten Änderungen: Verbesserte Heizung, Transistor-Radio gegen Aufpreis. September 1959: Neue Felgen- und Reifengröße: 135×380, 2 CV AZ läuft Ende 1960 aus. Modellpflege »Sahara«: Benzineinfüllstutzen in den Türen, Nummernschild wird nach links verlegt, geänderte Rückleuchten.

Modelljahr 1961

Produktion:	158 935 Stück
	Fourgonette 56 639 Stück
Farben:	algengrün, panamagelb,
	eisblau – Innen: braun
Preise:	AZL 4840 nFF
	AZLM 4906 nFF
	und 44 nFF für die
	Fliehkraftkupplung
	4×4 9830 nFF
	AZL 3890 DM
	AZLM 4190 DM

Die wichtigsten Änderungen: September 1960: Neue Farben, oberer Bügel der Vordersitzlehne gepolstert. Dezember 1960: Neue Haube mit fünf Längsschlitzen, neuer Kühlergrill, zwei Lufteinlaßöffnungen ersetzen die bisherigen seitlichen Kühlschlitze. Geänderter Haubenhalter. Einstellung der Produktion des 375 ccm Motors.

Modelljahr 1962

Motor	
Leistung:	13,5 PS bei 4000 U/min
Drehmoment:	2,7 mkg bei 2500 U/min
Höchstgeschw.:	85 km/h
Produktion:	144 871 Stück
	Fourgonette 54 191 Stück
Farben:	kakteengrün
Preise:	AZL 4840 FF
	AZLM 4906 FF
	4×4 9830 FF
	AZL 3890 DM
	AZLM 4190 DM

Die wichtigsten Änderungen: Oktober 1961: Mehr Leistung durch höhere Verdichtung (7,5:1 statt 7,0:1), neue Vergaser (Solex 26 IBC), neue Stoffmaterialien. März 1962: Typ Mixte erscheint (zum Preis des AZLM) mit großer Heckklappe, Ersatzrad unter der Fronthaube. April 1962: Die Düsen der Solex-Vergaser werden um 2 mm auf 19 mm vergrößert. Der 4×4 hat nun 27 PS (2×13,5 PS) und verliert die Bezeichnung »Sahara«.

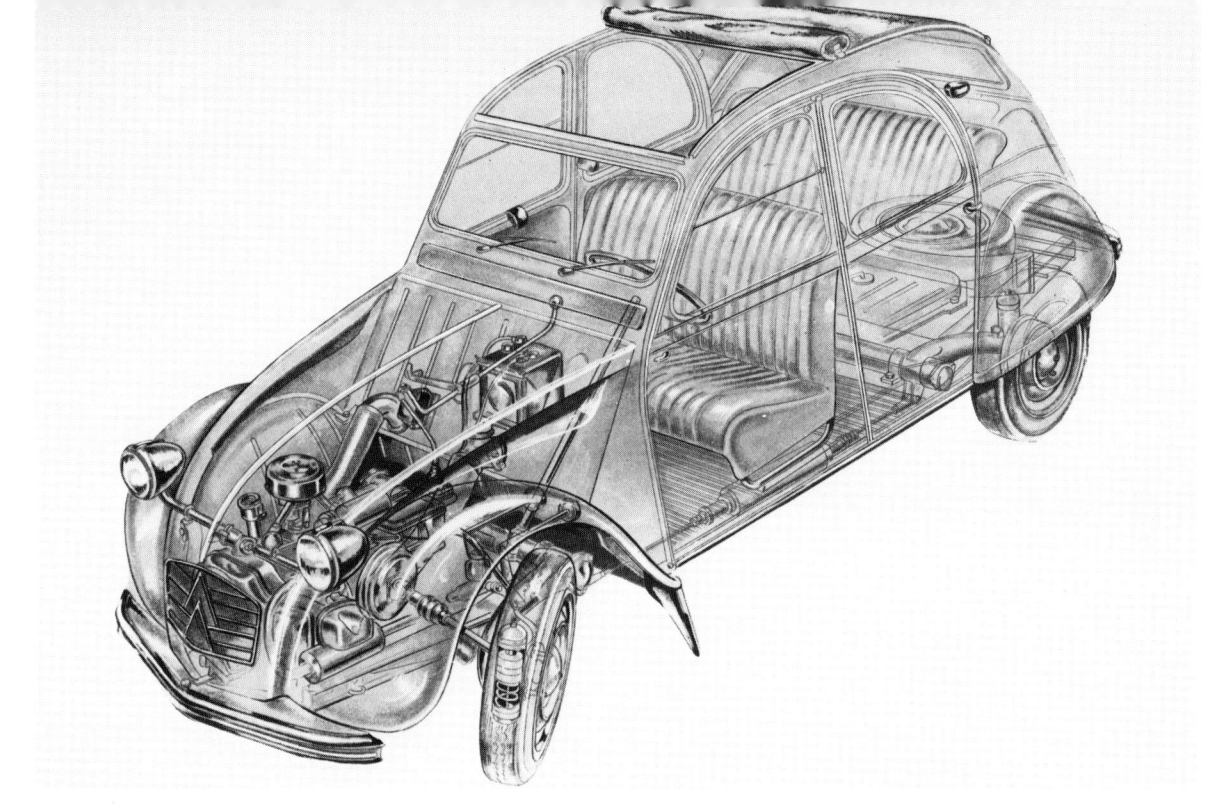

Modelljahr 1963

Motor
Leistung: 16,5 PS bei 4200 U/min
Drehmoment: 2,75 mkg bei 2500 U/min
Höchstgeschw.: 95 km/h
Produktion: 158 122 Stück
Fourgonette 55 776 Stück
Farben: Monte Carlo-blau, antillenbeige, braunes Dach, graues Dach
Preise: AZL 4980 FF
AZA 5125 FF
+ 45 FF für Fliehkraftkupplung
AZAM 5505 FF
4×4 9995 FF
AZL 3990 DM
AZLM 4290 DM
Fourgonette 4390 DM

Die wichtigsten Änderungen: September 1962: Neues Armaturenbrett mit Tachometer und Kilometerzähler, elektrischer Benzinuhr, Batterieladeleuchte, elektrischer Scheibenwischer. Februar 1963: Mehr Leistung, neue größere Vergaser (Solex 28 CBI, Solex 28 IBC), Verbrauch 6 l/100 km. Verstärkte Stoßstange mit verchromten Stoßstangenhörnern, Bremsbeläge geklebt statt geschraubt. März 1963: AZA und AZAM erscheinen mit verchromten Radkappen, zwei Stopplichtern, Zierrahmenleisten, 2. Sonnenblende mit Spiegel für Beifahrer. Vordersitze auf Gleitschienen, Blinkerhebel an der Lenksäule. Lenkrad mit zwei V-förmig angeordneten Speichen. Hutablage hinten. Scheinwerfereinfassung und Scheibenwischerhalter verchromt, Zierleisten an allen Fenstern und der Motorhaube, veränderte Türgriffe, neue Türinnenverkleidung aus Isorel. April 1963: Fourgonette nun mit zwei Glasfenstern hinten und zwei zusätzlichen Seitenscheiben. Die Bremszylinder des AMI 6 werden verwendet. Der Motor des AMI 6 wird montiert: 602 ccm Hubraum. Bohrung×Hub 74×70 mm. 22 PS bei 4500 U/min. 4,1 mkg Drehmoment bei 2800 U/min. Vergaser: Solex 30 PBI. Getriebe: vom AMI 6. Leergewicht: 605 kg. Zulässiges Gesamtgewicht: 1030 kg. Reifen: 135×380.

Modelljahr 1964

Produktion: 167557 Stück
Fourgonette 64994 Stück
Preise: AZL 5050 FF
AZA 5200 FF
AZAM 5585 FF
4×4 10230 FF
+ 95 FF für Fliehkraft-
kupplung
AZL 4090 DM
AZAM 4490 DM
Fourguonette 4490 DM

Die wichtigsten Änderungen: Januar 1964: Für AZA und AZAM Befestigungspunkte für Sicherheitsgurte und geänderte Sitzgestelle (Beckengurte). April 1964: Alle Modelle haben nun ein Typenschild aus Aluminium. 15. Juni 1964: Michelin liefert die ersten schlauchlosen Reifen der Größe 125×380. Juli 1964: Die Bremsleistungen werden vergrößert. Die neuen Leitungen stammen von den ID- und DS-Typen und haben 4,5 mm Durchmesser.

Modelljahr 1965

Produktion: 154058 Stück
Fourgonette 59211 Stück
Farben agaven-grün, ardennen-blau,
rosa-grau, typhon-grau
Preise: AZL 5079 FF
AZA 5229 FF
AZAM 5614 FF
4×4 10295 FF
+ 95 FF für Fliehkraft-
kupplung
AZA 4190 DM
AZAM 4490 DM

Die wichtigsten Änderungen: September 1964: Neue Farben, Sicherheitsgurte gegen Aufpreis. November 1964: Neue Getriebeübersetzungen. Dezember 1964: Die Fronttüren sind vorne angeschlagen. Juni 1965: Neue Farben: Ätna-grau. Juli 1965: Der hintere Rahmen wird versteift. Die Positionslampen entfallen, Parkleuchten links und rechts kommen neu, neue Rücksitzbank, Rücksitzlehne umklappbar. Neue Halterung für das Ersatzrad.

Mit Markise und Hängematte: Wochenend-Ente von Gauloise.

In gallischen Farben… …und als Coupé: Zwei Gewinn-Enten von Gauloise.

Für Frischluft-Freunde.

Für Rallye-Cross-Freunde.

Für Aufziehfreunde.

Platz ist in dem kleinsten 2 CV – oder: Wer eine Ente hat, braucht kein Hotelbett mehr.

Pro Zylinder ein Auspuffrohr: Belgischer Trucker 2 CV.

Dieser Raupen-2 CV läuft in Schweden und soll auf Schnee unschlagbar sein.

Mit Anhänger und Zelt ist dieses Gespann nahezu luxuriös.

Spitzengardinen im Fenster und fantastische Kunst auf dem Blech: Fourgonette aus Holland.

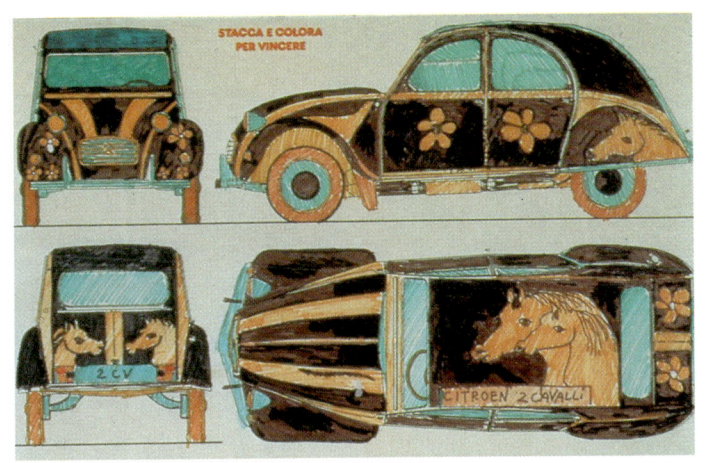

Alljährlich durften Schulklassen und Design-Zentren ihre Künste am 2 CV erproben – hier eine kleine Auswahl.

Impressionen von…

…einem großen…

…2 CV-Treffen in Belgien.

98

Aufbauten je nach Geschmack: Rustikal oder Plastik-praktisch.

Ob in der eleganten Show-Ente oder im Limousinen-Look: 2 CV-Fahrer haben immer viel zu transportieren.

Modelljahr 1966

Produktion: 168 384 Stück
Fourgonette 55 817 Stück
Preise: AZL 5079 FF
AZA 5229 FF
AZAM 5813 FF
4×4 10259 FF
+ 95 FF für Fliehkraftkupplung
AZA 4190 DM
AZAM 4490 DM

Die wichtigsten Änderungen: September 1965: Die homokinetischen Antriebsgelenke werden beim 2 CV AZAM serienmäßig. Im AZA sind sie gegen Aufpreis lieferbar. Die hinteren Reibungsstoßdämpfer werden durch hydraulische Stoßdämpfer ersetzt. Die vorderen Reibungsstoßdämpfer werden durch Gummimanschetten geschützt. Die Fronthaube wird geändert: Neue Kühlerjalousie, die zwei Winkel sind oberhalb des Grills montiert, die Stoßstange bekommt eine Gummiauflage. Standheizung gegen Aufpreis. Februar 1966: Die Fourgonette-Elektrik wird auf 12 Volt umgestellt (12 Volt, 240 Watt), Batterie 12 V, 30 Ah. Mai 1966: Ein Lenkradschloß wird gegen Aufpreis angeboten.

Modelljahr 1967

Produktion: 98 685 Stück
Fourgonette 55 281 Stück
Preise: AZL 5079 FF
AZA 5229 FF
AZAM 5813 FF
Export 5958 FF
4×4 10259 FF
AZL 3990 DM
AZAM 4490 DM

Die wichtigsten Änderungen: April 1967: Aus dem 2 CV AZAM wird der 2 CV Export. Neu am 2 CV Export: Neue Türgriffe, neuer Feststellmechanismus für die Klappfenster. Die Blinker werden neu in den Kotflügeln und über dem hinteren Seitenfenster montiert. Armaturenbrett schwarz mit Breitbandtacho. Auf Wunsch: Getrennte Vordersitze, Scheibenwaschanlage und zweiter Außenrückspiegel. Juli 1967: Zwei neue Rot-Töne für die Karosserie. Der 4×4 wird zwar noch im Katalog geführt, die Produktion wird jedoch im Laufe des Sommers eingestellt.

Modelljahr 1968

2 CV Export, Fourgonette AZU
Motor
Hubraum:	425 ccm
Verdichtung:	7,75:1
Leistung:	21 PS bei 5450 U/min
Drehmoment:	3 mkg bei 3500 U/min
Höchstgeschw.:	80 km/h

Fourgonette AK 350
Motor
Hubraum:	602 ccm
Verdichtung:	8,5:1
Bohrung×Hub:	74 mm×70 mm
Leistung:	28,5 PS bei 6750 U/min
Drehmoment:	4 mkg bei 3500 U/min

Produktion:	57473 Stück
	Fourgonette 51545 Stück
Preise:	Berline 4394 FF
	2 CV Standard 3990 DM

Die wichtigsten Änderungen: August 1967: 2 CV Export-Motor mit Solex 32 PICS-Vergasern, Verbrauch: 6,5 l auf 100 km. Oktober 1967: Fourgonette: Neue Getriebe, Übersetzungen sind mit dem des alten Getriebes identisch. Ölinhalt: 0,9 l S.A.E.80 E.P. März 1968: Fourgonette: Neue Übersetzungen. Mai 1968: Fourgonette AK 350: Neuer Motor, Solex 34 PICS-Vergaser, neue Getriebe-Übersetzung.

Modelljahr 1969

Produktion:	72044 Stück
	Fourgonette 53259 Stück
Preise:	Berline 5984 FF
	2 CV 3940 DM

Die wichtigsten Änderungen: Oktober 1968: Zwei Bremslichter hinten. März 1969: Die Ventildeckel, die bisher aus Aluminium gefertigt waren, werden nun aus Blech gefertigt. Neue, verbesserte Sitzpolsterung.

Modelljahr 1970

2 CV 4
Motor
Hubraum:	435 ccm
Verdichtung:	8,5:1
Bohrung×Hub:	68,5 mm×59 mm
Leistung:	24 PS bei 6750 U/min (DIN)
Drehmoment:	2,9 mkg bei 4000 U/min
Länge×Breite×Höhe:	383 cm×148 cm×160 cm
Gewicht:	560 kg
zul. Gesamtgewicht:	895 kg
Höchstgeschw.:	102 km/h

2 CV 6
Motor
Hubraum:	602 ccm
Bohrung×Hub:	74 mm×70 mm
Verdichtung:	8,5:1
Leistung:	28,5 PS bei 6750 U/min (DIN)
Drehmoment:	4 mkg bei 3500 U/min
Gewicht:	560 kg
zul. Gesamtgewicht:	895 kg
Höchstgeschw.:	110 km/h

Produktion:	96776 Stück
	Fourgonette 46485 Stück
Preise:	ab Februar 1970:
	Berline 5984 FF
	2 CV 4 6292 FF
	2 CV 6 6892 FF
	2 CV Spezial 3990 DM
	2 CV 4 4220 DM
	2 CV 6 4420 DM

Die wichtigsten Änderungen: Februar 1970: Zwei neue Modelle: 2 CV 4 und 2 CV 6. Neuerungen: Wechselstromlichtmaschine 12 V/390 W, Batterie: 12 V/25 Ah, Tankinhalt: 20 l, Ölinhalt: 2,5 l, Getriebeöl: 0,9 l, DIN-Verbrauch 5,4 l/100 km (2 CV 4). Plastikventilator mit acht Flügeln, hängende Pedale, Blinker im Rückleuchtenblock integriert, pneumatische Scheibenwaschanlage nun Serie, verstellbarer Fahrersitz, DIN-Verbrauch 6,1 l/100 km (2 CV 6). Gegen Aufpreis getrennte Vordersitze, Stoffbezüge, Fliehkraftkupplung. Die Produktion des 2 CV mit 16 PS wird eingestellt.

März 1970: Zweipunkt-Sicherheitsgurte in Serie. Juni 1970: Bremsleitungen modifiziert. Juli 1970: Fourgonette: Neues Modell AKS 400. Motor, Getriebe, Bremsen, Aufhängung vom AK 350. Neue Karosserie. Länge×Breite×Höhe: 380,5×150×184 ccm. Leergewicht: 640 kg, zul. Gesamtgewicht: 1115 kg. Höchstgeschwindigkeit: 85 km/h, Verbrauch: 7–8 l/100 km.

Modelljahr 1971

Produktion:	121 265 Stück
	Fourgonette 62 074 Stück
Preise:	2 CV 4 7260 FF
	2 CV 6 7772 FF
	2 CV 4 4388 DM
	2 CV 6 4597 DM

Die wichtigsten Änderungen: September 1970: Der Ventilator hat nun neun Flügel. November 1970: Der Ölfilter wird außerhalb des Motors plaziert (2 CV 6). Beim 2 CV 4, der hinten mit BOGE-Stoßdämpfern ausgerüstet ist, werden die Trägheitsdämpfer weggelassen. Mai 1971: Nun entfallen die Trägheitsdämpfer auch beim 2 CV 6.

Modelljahr 1972

Produktion:	133 530 Stück
	Fourgonette 64 592 Stück
Preise:	2 CV 4 7464 FF
	2 CV 6 7972 FF
	2 CV 4 4694 DM
	2 CV 6 4818 DM

Die wichtigsten Änderungen: September 1971: Nun entfallen auch bei der Fourgonette 400 AKS die Trägheitsdämpfer. Januar 1972: Die Fourgonette 250 AZU wird leicht überarbeitet. Alle Modelle haben nun den 3-Punkt-Sicherheitsgurt serienmäßig.

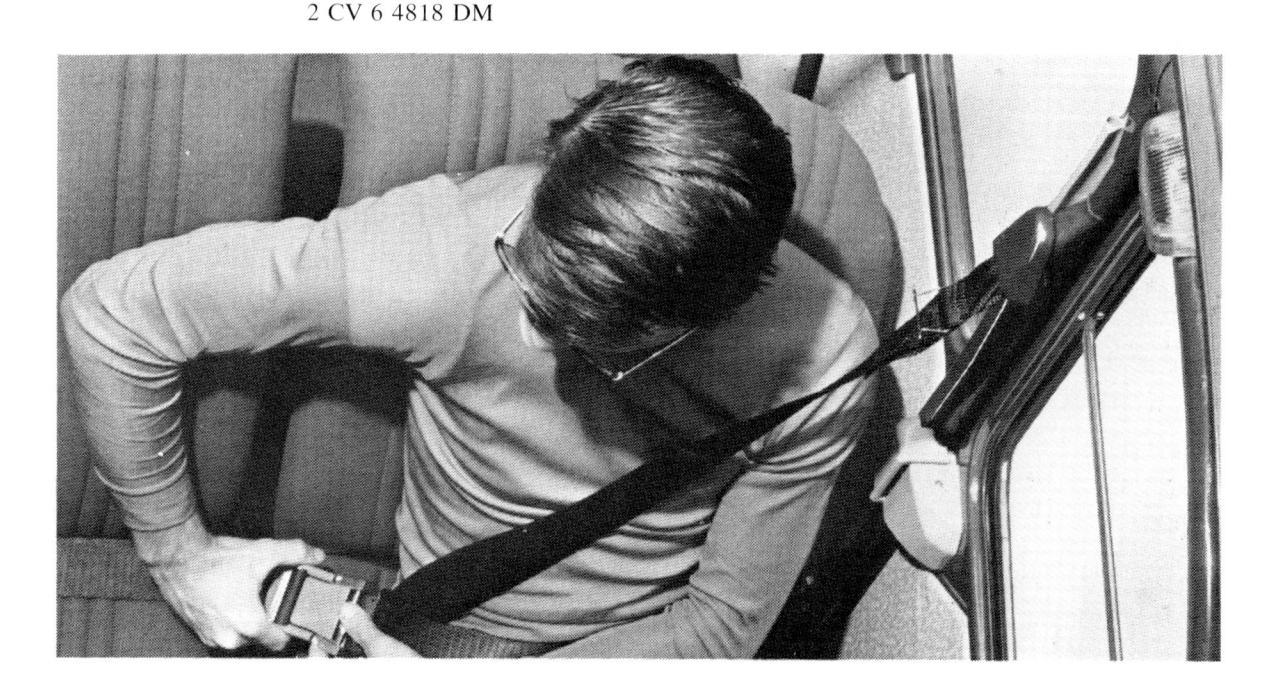

Modelljahr 1973

Fourgonette 250 AZU
Motor
Hubraum:	435 ccm
Bohrung×Hub:	68,5 mm×59 mm
Leistung:	24 PS bei 6750 U/min (DIN)
Drehmoment:	2,9 mkg bei 4000 U/min
Gewicht:	575 kg
zul. Gesamtgewicht:	910 kg
Höchstgeschw.:	85 km/h
Produktion:	123 819 Stück
	Fourgonette 68 357 Stück
Farben:	albatros-beige, rio-rot, camargue-blau, elfenbein
Preise:	2 CV 4 7896 FF
	2 CV 6 8360 FF
	2 CV 4 4788 DM
	2 CV 6 4950 DM

Die wichtigsten Änderungen: September 1972: Die Fourgonette 250 AZU erhält einen größeren und stärkeren Motor (435 ccm/24 PS statt 425 ccm/18 PS) mit Solex 34 PICS-6-Vergasern, DIN-Verbrauch 7 l/100 km. Alle Motoren werden den europäischen Abgasgesetzen angepaßt – Leistung unverändert. Verbesserte Geräuschdämpfung durch zusätzliche Dämmatten an der Spritzwand und unter der Motorhaube. Heizungsleitungen mit Dämmaterial verkleidet. Türscharniere verstärkt und gegen Aufspringen gesichert.

Modelljahr 1974

Produktion:	163 143 Stück
	Fourgonette 64 325 Stück
Farben:	tenéré-orange, palmen-grün, lagunen-blau
Preise:	2 CV 4 8220 FF
	2 CV 6 8740 FF
	2 CV 4 5490 DM
	2 CV 6 5690 DM

Die wichtigsten Änderungen: Juli 1973: Hauptbremszylinder mit 19 mm⌀. Lenksäule verlängert und versteift. September 1973: 2 CV 4 und 2 CV 6 erhalten ein neues Typenschild, einen neuen Aschenbecher und Armaturenbrett, Schalthebel mit Lenkrad werden farblich aufeinander abgestimmt. 2 CV 6: gepolstertes Lenkrad.

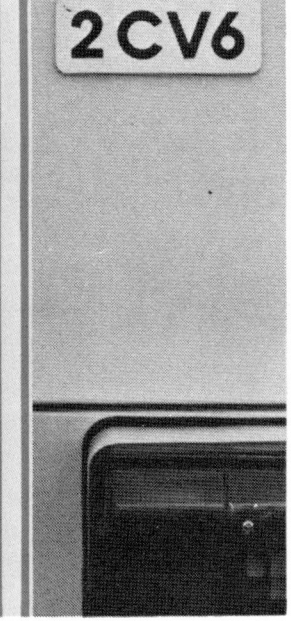

Modelljahr 1975

Produktion: 122 542 Stück
Fourgonette 44 821 Stück
Farben: petrol-blau, tuillerien-grün, vanneau-beige
Preise: 2 CV 4 11 788 FF
2 CV 6 12 068 FF
2 CV 4 5250 DM
2 CV 6 5450 DM

Die wichtigsten Änderungen: September 1975: Rechteckige Scheinwerfer, neuer Plastikgrill mit größeren Winkelzeichen, größere hintere Stoßstange mit Gummiabdeckung, Befestigung des Faltdachs durch Haken im Inneren. Im Innenraum: Kunststoffverkleidung der Türen in Höhe des Armaturenbretts. Januar 1976: Neuer Luftfilter. März 1975: Modifikation zur Geräuschdämpfung, Änderungen am Auspuffkrümmer, Vergaser und Auspuffstrang.

Modelljahr 1976

Produktion: 134 394 Stück
Fourgonette 54 533 Stück
Farben: bambus-grün
Preise: 2 CV Spezial 11 352 FF
2 CV 4 11 852 FF
2 CV 6 12 652 FF
2 CV Spot 13 600 FF
(Sondermodell, 1800 Exemplare, April 1976)
2 CV Spezial 5890 DM
2 CV 4 6320 DM
2 CV 6 6590 DM

Die wichtigsten Änderungen: September 1975 – Neu: 2 CV Spézial – Einfach-Version des 2 CV 4 mit runden Scheinwerfern, kein drittes Seitenfenster, kleinere hintere Stoßstange, keine Zierleisten, keine innere Dachverriegelung, nur 26 PS (wegen Abgasgesetz), kleineres Lenkrad (390 mm⌀ statt 425 mm⌀), einfachere Sitze und Armaturen. Alle Typen: vorne hydraulische Stoßdämpfer. April 1976 – Sondermodell »Spot« anläßlich des fünfmillionsten 2 CV. – Basis 2 CV 4 Lackierung orange-weiß, Sitze orange, seitliches Dekorband orange mit Schriftzug »SPOT«. Klebeband statt Gummi bei den Stoßstangen. Leichtgängigere Lenkung durch neue Übersetzung. Die »SPOT«-Serie war in sechs Tagen ausverkauft.

Modelljahr 1977

Produktion:	132 458 Stück
	Fourgonette 52 721 Stück
Farben:	gazellen-beige, sonnen-rot, griechisch-blau.
Preise:	2 CV 4 Spécial 12 940 FF
	2CV 4 13 940 FF
	2 CV 6 14 800 FF
	2 CV Spezial 5995 DM
	2 CV 4 6490 DM
	2 CV 6 6790 DM

Die wichtigsten Änderungen: September 1976: Vergaser nicht mehr selbst verstellbar, Kontrolleuchte für Bremsflüssigkeit mit Testknopf. Typschild aus Plastik, neue Lenkübersetzung (1:17 anstatt 1:14) und kleineres Lenkrad für alle Typen. Neue Farben. Oktober 1976: neue Dichtungen am Motorblock.

Modelljahr 1978

Produktion: Acadiane	108 825 Stück
Motor	
Hubraum:	602 ccm
Bohrung×Hub:	74 mm×70 mm
Leistung:	31 PS bei 5750 U/min (DIN)
Drehmoment:	4,2 mkg bei 3500 U/min
Länge×Breite×Höhe:	403 cm×150 cm×182,5 cm
Gewicht:	680 kg
zul. Gesamtgewicht:	1155 kg
Höchstgeschw.:	100 km/h
Preise:	2 CV Spécial 13 760 FF
	2 CV 4 14 900 FF
	2 CV 6 15 900 FF
	2 CV Spezial 5995 DM
	2 CV 4 6490 DM
	2 CV 6 6790 DM

Die wichtigsten Änderungen: September 1977: Alle Modelle serienmäßig 3-Punkt-Automatikgurte. Neue Farbe: Geranien-rot ersetzt Sonnen-rot. März 1978: Die Fourgonette wird eingestellt und durch die Acadiane ersetzt. Wichtigste technische Daten: Solex 26×35 CSIC-Vergaser, Reifen 135×15x, Wendekreis 11,2 m. Der 2 CV 6 wird in Deutschland zusätzlich »Confort« genannt.

Modelljahr 1979

Produktion:	101 222 Stück
Farben:	nevada-beige, mimosengelb, mandarin
Preise:	2 CV Spécial 14 750 FF
	2 CV Club 7390 DM

Die wichtigsten Änderungen: September 1979: Der 2 CV 4 wird eingestellt. Der 2 CV Spécial erhält Zierleisten an den Türen, ein drittes Seitenfenster und (gegen Aufpreis: Fliehkraftkupplung und getrennte Vordersitze). Der 2 CV 6 hat einen neuen Solex-Doppelvergaser (26/35) und leistet nun 29 PS bei 5750 U/min (DIN). Der Luftfilter ist aus Plastik. Die Aluminium-Zierleiste am Kofferraumabschluß entfällt für ein schwarzes Zierband. Zweipunkt-Beckengurte für die Rücksitze.

Modelljahr 1980

Produktion:	89 994 Stück
Preise:	2 CV 6 Spécial 18 500 FF
	2 CV Club 7750 DM

Die wichtigsten Änderungen: September 1979: Der 435-ccm-Motor des 2 CV Spécial wird durch das 602-ccm-Triebwerk des 2 CV 6 ersetzt (29 PS bei 5750 U/min). Der 2 CV 6 wird in 2 CV Club umbenannt. Ein Plastiktank mit 25 l Inhalt ersetzt den 20-l-Blechtank. Öldruckleuchte im Armaturenbrett. In Deutschland wird nur noch der 2 CV Club angeboten.

Modelljahr 1981
Produktion: 89 472 Stück
Preise: 2 CV 6 Spécial 20 680 FF
2 CV Club 7995 DM
2 CV Charleston 8590 DM
Acadiane 9450 DM

Keine technischen Änderungen. Es erscheint das Sondermodell 2 CV-Charleston.

Modelljahr 1982
Produktion: 86 068 Stück
Preise: 2 CV Club 23 850 FF
2 CV Club 8190 DM
2 CV Charleston 8790 DM
Acadiane 9650 DM

Die wichtigsten Änderungen: Der 2 CV Club erhält vorne Scheibenbremsen. Der Starterzug (Choke) bekommt eine Kontrolleuchte. Die zweite Auflage des 2 CV Charleston erscheint.

Modelljahr 1983

Produktion:	59 673 Stück
Preise:	2 CV Club 26 500 FF
	2 CV Club 8595 DM
	2 CV Charleston 9280 DM
	Acadiane 10 080 DM

Die wichtigsten Änderungen: Technisch unverändert. Motorraum, Luftzuführung und Heizung erhalten eine verbesserte Geräuschdämmung.

Modelljahr 1984

Produktion:	54 923 Stück
Preise:	2 CV Club 28 280 FF
	2 CV Club 7990 DM
	2 CV Charleston 8560 DM
	Acadiane 10 300 DM
	2 CV 6 Club 8150 DM (ab 6/84)
	2 CV 6 Charleston 8820 DM (ab 6/84)

Die wichtigsten Änderungen: Technisch unverändert. Der 2 CV Club und der 2 CV Charleston erhalten (gegen 150 DM Aufpreis) eine vergrößerte Heckklappe. Beim 2 CV Charleston wird die gelb/schwarze Lackierung durch eine nebelgrau/schwarze Lackierung ersetzt.
Ab diesem Jahr fanden jährlich zwei bis drei Preiserhöhungen statt, so daß sie nicht mehr direkt einem Modelljahr zugeordnet werden können.

Modelljahr 1985

Die wichtigsten Änderungen: Technisch unverändert.

Preise: 2 CV 6 Club 8195 DM
(ab 2/85)
2 CV 6 Charleston 8890 DM
(ab 2/85)
2 CV 6 Club 8440 DM
(ab 5/85)
2 CV 6 Charleston 9160 DM
(ab 5/85)

Modelljahr 1986

Preise: 2 CV 6 Club 8690 DM
(ab 3/86)
2 CV 6 Charleston 9450 DM
(ab 3/86)

Die wichtigsten Änderungen: Am 6. Januar 1986 kündigt Citroën eine auf 1850 Exemplare limitierte Sonderserie des 2 CV unter dem Namen „2 CV Dolly" an. Diese Version ist technisch mit dem 2 CV 6 identisch und wie dieser „bedingt schadstoffarm Stufe C" (steuerfrei). Der „Dolly" ist in zwei Farbkombinationen lieferbar: Basisfarbe schneeweiß mit feuerroten Kotflügeln und Dach oder – Basisfarbe sandgelb mit weinroten Kotflügeln und sandgelbem Dach. Die Sitzbezüge und die Radzierkappen entsprechen bei beiden Varianten dem 2 CV Charleston. Die unverbindliche Preisempfehlung für den 2 CV Dolly: 8600 DM inkl. MwSt.

Parallel zu dem 2 CV Dolly-Sondermodell gibt es vom Herbst 1985 an auch die „Ente-Grün" – diese Version ist technisch mit dem 2 CV Club und dem 2 CV Charleston absolut identisch – zum Preis des 2 CV 6 Club (8440 DM) sind hier lediglich die verchromten Scheinwerfer des Charleston hinzugefügt worden. Unter dem Motto „Wieso Steuern zahlen – es gibt doch grüne Enten" wird hier für die Steuerfreiheit (42 Monate) der schadstoffarmen Ente geworben. Die Steuerfreiheit (der 2 CV erreicht die Stufe C und kann mit bleifreiem Normalbenzin gefahren werden) wird zu einem guten Argument der Verkäufer. Äußerlich hat die „Grüne Ente" natürlich eine grüne Lackierung sowie ein besonderes Streifendekor an den Seiten. Außerdem verkündet ein „I fly bleifrei"-Aufkleber, daß hier ein umweltfreundliches Fahrzeug unterwegs ist.

Modelljahr 1987

Preise: 2 CV 6 Club 8950 DM
(ab 1/87)
2 CV 6 Charleston 9750 DM
(ab 1/87)

Die wichtigsten Änderungen: Technisch unverändert. Am 16. Februar 1987 wird eine weitere Sonderserie angekündigt: In einer limitierten Auflage von 2000 Fahrzeugen wird die „Sauss-Ente" auf die Kundschaft losgelassen, die – ebenso grün wie ihre „I fly bleifrei-Schwestern" – auf ihre Schadstoffarmut und ihre Bleifrei-Verträglichkeit hinweist. An den Mangel an Temperament haben sich die Käufer ja bereits gewöhnt – für die anderen Verkehrsteilnehmer weist ein Aufkleber „Null auf 100 km/h in 59,4 sec" darauf hin, daß die Überholvorgänge etwas länger dauern können. Die unverbindliche Preisempfehlung der „Sauss-Ente": 9150 DM inkl. MwSt.

Im Frühjahr 1987 geschieht noch ein weiteres Ereignis, das die Käufer und Freunde der „Ente" verunsichert: Das Produktionswerk Levallois in Frankreich stellt die Produktion des 2 CV ein. Die seit Jahrzehnten nicht mehr modernisierte Fabrikanlage sorgt konstant für rote Zahlen in den Bilanzen und eine vollständige Renovierung lohnt sich nicht mehr für die Produktion des 2 CV, dessen Verkaufszahlen (außer in der Bundesrepublik Deutschland und in Großbritannien) rückläufig sind. In diesem Werk wird – nach einem gründlichen Umbau – der AX produziert werden. Die fälligen hohen Investitionen kommen also einem Modell zugute, in dem viele Beobachter seit langem den legitimen Nachfolger des 2 CV sehen.

So wird der 2 CV seit dem Frühjahr 1987 nur noch im portugiesischen Werk Mangualde, bei Estoril gelegen, gebaut. Hier hatte Citroën seit langem ein Werk, das aus steuerrechtlichen Gründen (Fahrzeuge, die in Portugal montiert werden, sparen sich eine extrem hohe Steuer) angelieferte Karossen montierte.

Wenn die Nachfrage nach dem 2 CV weiterhin so konstant bleibt – oder sogar wieder steigen sollte – kann dieser Evergreen auch relativ problemlos im spanischen Werk Vigo gebaut werden, in dem derzeit die verwandte Acadiane montiert wird. Und sollte eines Tages auch diese Kapazität nicht ausreichen, könnte auch das Werk im französischen Rennes fast problemlos umgerüstet werden. Dann würde der 2 CV auch wieder in Frankreich, dem Land seiner Väter, das Band verlassen.

Derzeit sieht es aber nicht danach aus, denn in seiner Heimat ist die Ente etwas unter die Räder gekommen: sie verkauft sich nicht mehr so gut. Man hält sie dort für leicht veraltet, man bevorzugt die moderneren Konstruktionen. Aber die konstante Nachfrage besonders aus Deutschland und aus England sorgt zumindest derzeit noch dafür, daß der 2 CV noch lange nicht am Ende seiner Karriere steht.

Ob die Tatsache, daß mit der Produktionseinstellung des VW Käfers der andere große Klassiker aus den Verkaufsräumen verschwunden ist, etwas mit der wachsenden Begeisterung für den 2 CV zu tun hat, ist ungewiß: eines ist jedoch klar: Autos mit so viel Charakter, wie ihn der 2 CV besitzt, kann man an einer Hand abzählen.

Ein kulturelles Phänomen

Marketing – über zehntausend Fragebögen

Die Entwicklung des Autos für jedermann, der oft zitierten *„vier Räder unter einem Regenschirm"* war keineswegs nur die spontane Umsetzung einer guten Idee. Jules-Pierre Boulanger hatte zahlreiche Untersuchungen in allen potentiellen Käuferkreisen anstellen lassen. Die Marktforschung steckte zwar noch in den Kinderschuhen, doch Citroën ließ *mehr als zehntausend Fragebögen* ausfüllen, die ein möglichst klares Bild des bestehenden Bedarfs ergeben sollten: welche Transportmittel benutzen Sie? An wieviel Tagen des Jahres sind Sie unterwegs? Was transportieren Sie normalerweise? Welche Art von Wagen bevorzugen Sie?

Die erste Befragung dauerte fünf Monate, und ihre Ergebnisse waren die Grundlage *erster Konstruktionsentwürfe.*

Während der gesamten Entwicklungsarbeiten wurde die Übereinstimmung des Modells mit den Erwartungen des Publikums immer wieder von Citroën überprüft. „Die Besitzer des 2 CV setzen ihren Wagen für berufliche Zwecke ein, haben nur ein Auto und fahren durch-

Nach der Schließung des Werks in Levallois wird der 2 CV nun nur noch in Portugal gebaut.

schnittlich mindestens 50 km pro Tag", ist in einer Mitteilung des Jahres 1950 zu lesen. Die ersten Käufer waren vor allem Landwirte, Handwerker, Vertreter, Ärzte und Krankenschwestern.

Boulanger wollte ihr Budget nicht übermäßig strapazieren und achtete darauf, daß die Wartungskosten so niedrig wie möglich gehalten wurden. In einer für das Konstruktionsbüro bestimmten Mitteilung zur Qualität (von der schon damals die Rede war) heißt es: „Für einen Käufer, der 1500 F im Monat verdient, sind eine 300 F-Reparatur oder ein geplatzter Reifen (150 F) Katastrophen. Die derzeit in der Industrie üblichen Kleinreparaturen oder Einstellungen, die oft 20, 30 oder 50 F kosten, sind nicht vertretbar. Deshalb muß die *Qualität aller betriebswichtigen Teile des Wagens absolut einwandfrei sein.*"

Beim Verkauf seines 2 CV machte Citroën keinerlei hochtrabende Versprechungen, wie aus dem Prospekt dieser Zeit ersichtlich ist: „Wir wollten ein *preisgünstiges Transportmittel* anbieten und haben deshalb an diesem Wagen alles weggelassen, *was nicht unentbehrlich war.*"

Der 2 CV ist und bleibt die Verkörperung des robusten, einfachen, originellen und langlebigen Wagens. Er ist ein billiges *Fortbewegungsmittel* für den Einzelnen oder die Familie, das man mit etwas Geschick auch selbst reparieren kann. Deshalb erfreut sich der 2 CV auch auf dem Gebrauchtwagenmarkt so großer Beliebtheit: *Für jeden neuen 2 CV werden fünf Gebrauchtwagen verkauft*, während das Verhältnis für andere Modelle bei eins zu drei liegt. Mit dem wirtschaftlichen Aufschwung der sechziger Jahre und steigenden Produktionsziffern des 2 CV setzte allerdings ein *Wandel des Käufertyps* ein. Nach und nach verlor der 2 CV seinen vorrangigen Verwendungszweck als Arbeitsmittel. Der alleinige Familienwagen wird zum Zweitwagen, zum Wagen der Hausfrau (40 % aller 2 CVs werden mittlerweile von Frauen gefahren) oder zum Gefährt der Kinder. Nach wie vor wird er, besonders in Frankreich, häufig auf dem Lande eingesetzt, und manche Unternehmen verfügen über ganze Flotten, aber angesichts der wachsenden Vielfalt der angebotenen Modelle sind bestimmte Käufergruppen wie z. B. Ärzte oder Vertreter auf größere, stärkere Wagen umgestiegen. Doch viele sprechen auch heute noch mit bewegter Stimme von ihrem ersten 2 CV: *„Er trinkt nicht, er raucht nicht, er redet nicht, sondern er fährt",* sagt der eine, „er ist nicht sehr anspruchsvoll", der andere. „Er gehört ganz einfach zur Familie", sagt eine Hausfrau. „Man kümmert sich um ihn, hält in Ordnung, flickt ihn, macht ihn sauber, ganz wie im Haus. Mit dem 2 CV kann man alles machen, was man bei einem anderen Auto nie wagen würde." Und schließlich ist der 2 CV das perfekte Auto der klassenlosen Gesellschaft. Ob arm oder reich, *jeder kann ihn sich leisten.* Ein französischer Minister fährt in einem 2 CV Charleston zum Elysée Palast, und zahlreiche Stars, von Brigitte Bardot bis Tino Rossi, haben sich in ihrem 2 CV fotografieren lassen.

1968, als die Ente ihren zwanzigsten Geburtstag feiert, hat man ihr eine etwas feinere Kusine zur Seite gestellt, *die Dyane* (die Altbundespräsident *Walter Scheel* zu seinem Ferienwagen gemacht hat). Und allen Erwartungen zum Trotz, bekam damit auch der Urtyp neuen Aufwind. Scharenweise besannen sich bessergestellte Automobilisten des wahren Fahrvergnügens und tauschten ihre Protzautos gegen schlichte Enten ein.

Werbung und Sonderserien

Die niedrigen Produktionsziffern der Nachkriegszeit gaben Citroën kaum Anlaß, eine Nachfrage anzukurbeln, die nicht zu befriedigen war. Der 2 CV zog gemütlich seines Wegs und verkaufte sich in stetig steigenden Stückzahlen von selbst, auch ohne Werbung. Deshalb hatte bei der Einführung im Jahre 1948 noch ein äußerst einfacher Prospekt *(4 Seiten im Format 9 × 13 cm, einfarbig, 35 Zeilen und 4 Fotos)* ausgereicht, in dem darauf hingewiesen wurde, daß der neue Wagen „in allen wichtigen Punkten dem hohen Standard der besten Citroën-Technik" entsprach. Doch in den sechziger Jahren wurde auch auf dem Kleinwagenmarkt ein deutlicher Konkurrenzdruck spürbar, insbesondere durch den Renault 4 L und den Ami 6. Folglich sah man sich veranlaßt, auch den 2 CV in etwas aufwendigeren Werbeprospekten dem Publikum näherzubringen. 1963 erschien in Frankreich das Faltblatt „Freiheit im 2 CV", das neue Akzente setzte und der *„Auftakt zu einer langen Reihe von bekannten Citroën-Broschüren war.* Unter der Leitung von Claude Puech, der neue Ideen gleich dutzendweise ersann, entstand ein dynamisches Team: Jacques Wolgensinger schrieb die Texte, André Martin sorgte für die Illustrationen, und *Robert Delpire* machte das Layout. Der 2 CV erstrahlte im neuen Glanz, war „*nicht nur ein Auto, sondern ein Lebensstil"*, eröffnete „allen das Tor zur Welt", verkörperte den Geist Descartes und bot „*das Maximum des automobilen Minimums".*

Die Werbung konzentrierte sich darauf, das Ungewöhnliche des 2 CV zu verdeutlichen. Er ist kein Auto wie jedes andere, sondern ein echtes Original. 1979 hieß es: „Der 2 CV verlangt keine Gegenleistung für das, was er Ihnen bietet. Sie brauchen ihm nicht zu danken, können ihn einfach vergessen. *Er drängt sich Ihnen nicht auf, ist einfach für Sie da,* zu Ihrer Freude und für Ihre tägliche Arbeit."

In den achtziger Jahren trat immer mehr die gefühlsmäßige Bindung zwischen dem Fahrer und seinem 2 CV in den Vordergrund. In Frankreich begann die Operation „Coup de cœur", die den vernünftigen, praktischen 2 CV plötzlich in einen verführerischen Vamp oder auch einen schüchternen Romantiker verwandelte. Er wurde zum Symbol ausgelassener Heiterkeit und ungezügelter Freiheit. Ein wahres Feuerwerk von Farben, vom makellosen Weiß bis zum leidenschaftlichen Rot. Die Heiterkeit war ansteckend, und schon bald setzte sich der neue Stil in ganz Europa durch. In Deutschland mauserte sich das häßliche Entlein zum Sinnbild ursprünglicher *„Lebensfreude auf Rädern",* man baute „Monumente für die Ente" und sprach von einem „echten Phänomen". In Belgien machte der 2 CV an der Seite von Tintin und Milou seine ersten Schritte auf dem Mond, und in England warb man in der besten Tradition britischen Humors mit langen Listen aufwendiger Sonderausstattungen, die der 2 CV nicht hatte, und die deshalb bei ihm keine Wartungsprobleme verursachen konnten, oder man verglich ihn mit einem Kamel.

Schließlich setzte Citroën auch auf die sich immer deutlicher abzeichnende Nostalgiewelle und machte den guten alten 2 CV in Form des Charleston noch älter, als er ohnehin schon war. Die rot-schwarze Sonderserie verzeichnete einen solchen Erfolg, daß der *2 CV Charleston* jetzt zum normalen Programm gehört.

Formen und Farben

Seit Mitte der fünfziger Jahre haben sich zahlreiche Karosseriebauer, Designer und wohlmeinende Amateure immer wieder darum bemüht, das häßliche Entlein zu einem graziösen Schwan aufzupäppeln. Dank seines niedrigen Preises war der 2 CV *geradezu prädestiniert für derartige Face-Lifts.*

Bereits 1952 hatte es sich der Karosseriebauer Jean Dagonet in den Kopf gesetzt, den 2 CV in einen Sportwagen zu verwandeln. Er frisierte den Motor, reduzierte das Gewicht, glättete das Profil und erzielte mit seiner Sport-Ente 1955 ausgezeichnete Ergebnisse bei der „Tausend-Meilen"-Rallye.

1953 traten der Ingenieur *Bardot und sein Freund Jean Vinatier* in Montlhéry mit einem 2 CV-Cabriolet an. Um für die 350 cm³-Klasse zugelassen zu werden, hatten sie den Hubraum um 15 cm³ verringert. *Sie stellten neue internationale Rekorde auf,* darunter den 24-Stunden-Schnitt von 85,02 km/h und den 12-Stunden-Schnitt von 90,96 km/h.

Während einige dieser Eigenbauversionen gewisse Ähnlichkeiten mit dem 2 CV beibehielten, setzten sich andere bewußt davon ab, wie z. B. das Rennmodell des *Marquis de Pontac,* Besitzer eines Weinguts in Bordeaux. Sein superflacher, dachloser Wagen brachte es bis auf 130 km/h und holte sich 1956 beim Grand Prix de Paris in Montlhéry in der 1000 cm³-Klasse den ersten Platz. Die Scheinwerfer waren um 180° drehbar, und während das Aluminium-Mittelteil der Karosserie feststehend war, ließen sich die Front- und Heckteile aus Kunststoff gegeneinander auswechseln.

Citroën selber brachte 1958 den *2 CV 4 × 4 Sahara* heraus, der mit seinem Allradantrieb und seinen *beiden Motoren* (einer vorne, einer hinten) als Lösung für Transportprobleme in besonders unwegsamen Wüstengebieten gedacht war. Selbst mit vier Personen an Bord erklimmt der 4 × 4 Sahara Sandhänge mit Steigungen von bis zu 45%.

Aber der Gipfel des Einfallsreichtums ist noch immer der 2 CV der Feuerwehr des Départements Var. Er besteht aus zwei zusammengesetzten 2 CV-Vorderteilen und erübrigt damit das Wenden auf engen Straßen.

Die Karosserie des 2 CV hat auch eine Reihe von geographisch bedingten Metamorphosen erlebt. Der in Chile entstandene „*Citronnetta*" hat einen übergroßen Kofferraum am Heck, und im Iran tauchte ein 8sitziger 2 CV-Break auf. 1954 baute *das belgische Citroën-Werk* in der Nähe von Brüssel eine *exklusive Luxusversion des 2 CV* mit stärkerem Motor, Heckteil, Zweifarben-Lackierung usw. Später wurde dieses Modell unter der Bezeichnung AZAM in ganz Europa vertrieben. Als 1959 die Montage des 2 CV *in England* eingestellt wurde, begann man zum Ausgleich mit der Produktion einer Glasfaser-Karosserie, die dem 2 CV das Styling der DS gab und unter dem Namen „*Bijou*" angeboten wurde.

Die ausgefallensten Ideen gehen allerdings auf das Konto von begeisterten 2 CV-Liebhabern. So baute zum Beispiel ein Belgier ein 2 CV-Aquarium mit großen Bullaugen in den Türen und einer zusätzlichen Windschutzscheibe in der Heckklappe. Andere verwandelten ihre Ente in ein Motorboot, und ein Naturfreund legte in einem auf der Motorhaube befestigten Reifen einen Kleingarten an. Im Zuge der aus den USA übernommenen Mode der „*custom cars*" trieb auch der 2 CV neue Blüten wie die „Lady Deuche" von Eric Bliecq, den „2 CV Rolls", mit dem Patrick Gomez sich den ersten Platz seiner Kategorie in einem internationalen „Custom Car"-Wettbewerb holte, oder den leuchtend gelben Lieferwagen von Philippe Petré.

In Hamburg machte ein Friseur seiner Ente eine Perükke, in Straßburg gab man ihr ein Federkleid, und in Toulon wurde sie mit Teppichen beklebt. In Kopenhagen dekorierte sie der Maler Ole Kostzan mit weiß-blauen Wellen als Symbol für ihren wirtschaftlichen Energieverbrauch, und in Belgien bemalte sie ein Mitglied eines Naturschutzvereins mit Eulen und ländlichen Idyllen. In der Bretagne überzog Gilles Manias sie mit Fresken über die kulturellen Besonderheiten seiner Heimat, und im Département Seine-et-Marne übertrug ein Kunstfreund Werke von Rubens auf die Seitenflächen der Karosserie. 1976 veranstaltete Citroën unter den Studenten der *Kunsthochschule Camondo* einen Wettbewerb für die originellste Dekoration eines 2 CV. Den ersten Preis gewann Claire Pagniez, die ihrem 2 CV die Gestalt eines Basketball-Schuhs gab.

Schon sehr früh wurde der 2 CV auch zu einer Fundgrube für Vertreter aller Stilrichtungen der konkreten Kunst. Die beiden deutschen Architekturstudenten Joseph Proppe und Roland Endler benutzten ihn zur Illustra-

Nur für sonnige Gestade zu empfehlen.

Langstrecken-getestete Ente.

Früher hieß so etwas Landaulet.

PARCOURSHURIN
FRITUREN LIBBREC
MOORSELE
PARCOURSH
PEPSI
MAES PILS
TOTAL

Ob mit großer Ladefläche und drei Achsen oder als eleganter Roadster: 2 CV-Besitzer schätzen den Individualismus.

119

Einzelstück – teils aus Könner-, teils aus Klempner-, teils aus Künstler-Hand.

tion des Themas „Funktionswandel eines Gebrauchsobjekts" und stellten einen 2 CV vor, dessen Scheinwerfer blinken, wenn das Telefon klingelt und dessen Türen sich als Arbeitstische herunterklappen lassen. Der Kofferraum ist zum Bücherschrank geworden, und die Motorhaube verdeckt einen Kühlschrank und eine Bar, die aus einem Whisky-Tank versorgt wird. Die Vorderräder sind auf den Achsen ausziehbar und dienen als Hocker, während der Innenraum ein Mini-Kino birgt, in dem Filme auf die mattgeschliffene Windschutzscheibe projiziert werden.

1979 dekorierten fünfzehn angehende Künstler in der *Kinderabteilung des Centre Georges Pompidou* in Paris einen 2 CV mit 300 kg Tortenguß. Ein sympathisches Schwein sitzt grinsend auf dem Kofferraum, das Dach ziert ein Berg mit Adler, Wasserfall, Weiden und Kühen, und die Motorhaube ist ein Meer mit Wellen und Schiffen. Einziger Nachteil dieses Museumsstücks: man kann mit ihm nicht im Regen fahren.

Wettbewerbe des Typs „Wer baut das originellste Enten-Modell aus dem originellsten Material" haben in der Schweiz sowie in Holland und Frankreich begeisterte Anhänger gefunden. In der Schweiz gingen *mehr als tausend Modelle* ein. Aus Stecknadeln und Streichhölzern, aus Vogelfedern und aus Kabeldrähten, aus Muscheln, Glasscherben, Bienenwachs und sogar Zigarettenstummeln entstanden erstaunliche kleine Kunstwerke, von denen *einige die Titel der Kapitel dieser Broschüre illustrieren*.

Die Ente als Superstar

Der 2 CV hat nicht nur in der bildenden Kunst Karriere gemacht, sondern auch den anderen Künsten als bleibende Inspirationsquelle gedient.

Im Kino war er der Held zahlreicher Filme, wie zum Beispiel „*American Graffiti*" oder Gérard Ourys „Le corniaud". In „Les Amants" von Louis Malle gibt Jeanne Moreau einem betuchten Jaguar-Fahrer den Korb, um sich mit einem Geologen im 2 CV davonzumachen, und in der populären Serie „Les Gendarmes de Saint-Tropez" mit dem Komiker Louis de Funès hat die Ente ganz Frankreich zum Lachen gebracht.

Den vorläufigen Höhepunkt brachte der letzte James Bond, „For Your Eyes Only", in dem die Ente zum internationalen Superstar aufgestiegen ist: *James Bond und der 2 CV*, die unvergeßliche Begegnung zweier bedeutender Mythen des 20. Jahrhunderts. Eine reine Apotheose!

Auch *im Theater* hat der 2 CV von sich reden gemacht. Eine Truppe in Saint Quentin hat in ihm sogar ein Theater eingerichtet, das kleinste der Welt, mit vollem Personal: Platzanweiserin, Feuerwehrmann und Ordnungshüter. Ebenso klassisch ist die Ausstattung: Kunstmarmor, purpurroter Vorhang und zwei Originalsitze aus der Comédie Française. Jeweils zwei Zuschauer können der zehn Minuten langen Aufführung beiwohnen.

In der Literatur taucht der 2 CV naturgemäß in zahlreichen Krimis auf. Josette Bruce läßt ihren CIA-Agenten Hubert Bonisseur de la Bath in einer Ente durch das unwegsame Neu-Kaledonien schaukeln, und bemerkt dazu „mit einem 2 CV kommt man überall durch".

Auch Gérard de Villiers SAS bedient sich gern seiner vertrauten Ente.

Als Held des argentinischen Comic-Strips „Mafalda", der in allen spanischsprachigen Ländern so bekannt wie „Charlie Brown" ist, erfreut die Ente durch ihre lustigen

122

Abenteuer junge und alte Leser, und in zahlreichen belgischen und französischen Comics ist sie schon längst zu einer Institution geworden.
Sie taucht regelmäßig in Robas „Boule und Bill"-Serie auf, ebenso wie in Hergés „Tintin und die Tournesol-Affaire" oder in Jacques Palmers „Schöner Salat", wo sie sich im grünen Kleid möglichst unauffällig gibt.
Mit Cabus „Grand Duduche" und Freds „Philémon" geht sie durch dick und dünn, in Franquins „Le gorille a bonne mine" kämpft sie sich durch den Dschungel, und in Tabarys „Les mauvais instincts" zeigt sie sich von ihrer besten Seite: einer der Helden der Geschichte setzt sie nach einem Unfall Stück für Stück wieder zusammen, doch das Ergebnis ist kein Auto mehr, sondern eine Rakete.
In dem Band „Sebastians Auto" aus der Pomme d'Api-Serie strahlt sie als blumenbemalte Antoinette ihren ganzen Charme aus, wenn sie mit lautem „klattaplack, klattaplack" die anderen Autos überholt, sobald es schneit.
Selbst die *Musikwelt* hat den 2 CV ins Herz geschlossen. Pierre Perret hat ihn besungen, die amerikanische Harfenistin Susan Mac Donald hat über zwanzig verschiedene Autos probiert, bis sie in der Ente ein sicheres Transportmittel für ihr geliebtes Instrument entdeckte, und als Illustration für die Hülle seiner letzten Platte hat Ljupco Samardziski seinen Kontrabaß in einem gelben 2 CV aufnehmen lassen, vor dem Hintergrund eines farbenprächtigen Herbstwaldes.
Der 2 CV hat sich *in allen Kunstformen einen festen Platz* erobert.
1965 ist er sogar in Originalgröße in den Louvre eingezogen, anläßlich einer Ausstellung über die Citroën-Werbung im Pavillon des Arts Décoratifs.
Zur Veranschaulichung seines sprichwörtlichen Komforts transportierte er *eine strickende alte Dame im Schaukelstuhl.*

Clubadressen

Citroën-Veteranen-Club e.V. (Schatzmeister)	Klaus Schäfer Goschmeersweg 21 2960 Aurich Telefon 0 49 41/6 24 33	Hot Ducks Buxtehude	Jürgen Blech Rübker Straße 69 A 2150 Buxtehude Telefon 0 41 61/6 15 58
Entenfreunde Bergstraße*	Ruth Gremm Neißestr. 14 6140 Bensheim Telefon 0 62 51/6 32 45	Citroën-Club Cuxland*	Peter Danneberg Dorumer Weg 5 2853 Cappel Telefon 0 4741/24 26
2 CV Ducks-Club Berg. Gladbach	Ralf Straub Brüderstr. 47 A 5060 Bergisch Gladbach 1 Telefon 0 22 04/6 26 60	2 CV-Freunde Castrop*	Matthias von Pronay Heimstättenweg 38 4620 Castrop-Rauxel 5 Telefon 0 23 05/66 30
BKC – Berliner Kastenenten-Club*	Marin Boes Kurfürstenstr. 37 1000 Berlin 42 Telefon 0 30/7 05 56 55	Citroën-Club Celle*	Volker Sund Geibelstraße 12 3100 Celle
BCC – Berliner Citroën-Club*	Stefan Hirsch Theodorstr. 7 1000 Berlin 42 Telefon 0 30/7 51 57 38	2 CV-Freunde Cuxhaven*	Lars Beckmann Holstenstr. 7 2190 Cuxhaven Telefon 0 47 21/3 65 02
Citroën-Veteranen-Club e.V. Bezirk 1 (Berlin)	Jochen Wendel Düppelstr. 3 C 1000 Berlin 37 Telefon 0 30/8 01 73 34	2 CV-Club Südoldenburger Entenei*	Karl-Heinz Schmidt Stormstraße 28 2845 Damme Telefon 0 54 91/26 55
2 CV-Club Wildenten Bielefeld*	Ulrich Purrio Schröttinghausener Str. 221 4800 Bielefeld 15 Telefon 0 52 03/13 59	Crazy Do-Ducker Dortmund*	Sabine Kropp Friedrichstraße 83 4600 Dortmund 1
2 CV-Club Bocholt	Wolfgang Hamann Petersfeldstr. 22 4290 Bocholt Telefon 0 28 71/53 45	Citroën-Club Wiesbaden-Dortmund	Peter Grundmann Sölder Waldstraße 30 4600 Dortmund 41 Telefon 02 31/4 05 43
2 CV-Club Börgermoor	Andreas Pleister Erlenweg 12 2991 Börgermoor	2 CV-Freunde Castrop-Rauxel*	Holger Strenzke Oskar-Wachtel-Weg 17 A 4600 Dortmund 1 Telefon 02 31/17 81 64
Bremer Stadtmusik-Enten*	Josef Rösener-Nickel Prager Straße 4 2800 Bremen 1 Telefon 04 21/21 69 57	Entenclub Eving-Kurl	Jochen Stückrad Plaßstraße 22 C 4600 Dortmund 13
2 CV-Club Sauerländer Entenadel*	Gabi und Franz Hilgendorf Mittlere Straße 39 5790 Brilon-Scharfenberg Telefon 0 29 61/5 04 57	Citroën-Veteranen-Club e.V. Bezirk 4 (Rhein-Ruhr)	F. W. Meisen Martinstraße 97 4000 Düsseldorf Telefon 02 11/39 28 89
		Entenclub Düsseldorf*	Thomas Obst

2 CV-Club Eppelborn	Franz-Josef Weiß Keppstraße 20 6686 Eppelborn Telefon 0 68 81/70 79	Zwoi-CV-Verai Fildra	Thomas Witzel Schwalbenstraße 9 7024 Filderstadt 4 Telefon 07 11/70 28 84
Die Citroën-Clubdosen*	Karlo Dorlöchter Savignystraße 33 4300 Essen 1 Telefon 02 01/79 77 54	Isenburger Ententreff*	Michael Mohr Boseweg 60 6000 Frankfurt 71 Telefon 0 69/6 66 51 94
Citroën-Club Essen*	Michael Graef Alte Hauptstraße 94 4300 Essen 17	Citroën-Veteranen-Club e.V. (Veteranenrat)	Tilman Huber Am Fischstein 26 6000 Frankf./M.-Hausen Telefon 0 69/7 89 13 87
Citroën-Veteranen-Club e.V. Präsident	Arnim Sange Grammwiesenweg 5 3306 Essenrode	Citroën-DS-Club Swiss	Matthias Gorges Steffelinweg 2 7790 Friedrichshafen 1 Telefon 0 75 41/4 13 34
2 CV-Club Karlsruhe	Bernd Hamma Schluttenbacherstr. 25 7505 Ettlingen 4 Telefon 0 72 43/2 91 32	2 CV-Club Furtwangen*	Kristian Uttenweiler Baumannstraße 11 7743 Furtwangen

2 CV-Club Gerlingen	Karin Bader und Werner Rüdinger Weilimdorfer Straße 58 7016 Gerlingen	CCC – Citroën-Club Celle	Pat und Angelika Paterson Koppelweg 2 3102 Hermannsburg Telefon 0 50 52/29 59
2 CV-Club Geseker Gössel*	Peter Grumme Zum Schützenplatz 25 4787 Geseke-Störmede	2 CV-Club Oelder Wind	Agnes und Raimund Hemkemeier Südhoffsweg 6 4830 Herzebrock-Clarholz Telefon 0 52 45/14 00
Entenfreunde Goslar*	Peter Tölg und Christine Loge-Tölg Am Pfenningsteich 3 3380 Goslar Telefon 0 53 21/6 32 03	SM-Club	Wolfgang Kentner Gehrskamp 4 3004 Isernhagen 2
2 CV-Club Flying Erpel Göttingen*	Max Schwanitz Petrikirchstr. 12, App. 50 A 3400 Göttingen Telefon 05 51/3 48 38	Citroën-Club Duisburg	Ursula Walter Königstraße 105 4132 Kamp-Lintfort Telefon 0 28 42/3 04 04
2 CV-Club Entengeschwader Hagen	M. Klee Zur Höhe 53 5800 Hagen 1	Club 4 CV	Ulrich Greulich Haselweg 25 7500 Karlsruhe Telefon 07 21/5 07 37
Entenclub Protz und Status*	Jürgen Stübner Hohe Weide 7 2000 Hamburg 20 Telefon 0 40/49 68 47	Club der Karlsruher Entenfahrer	Thomas Müller Buchenweg 32 7500 Karlsruhe 21
Citroën-Veteranen-Club e.V. Bezirk 2 (Norddeutschland)	Reiner Traxel Hummelsbacher Hauptstraße 33 2000 Hamburg 63 Telefon 0 40/5 38 36 46	Ententeich Weiherfeld	Gerhard Schreiner Enzstraße 16 7500 Karlsruhe Telefon 07 21/88 21 23
Elbe-Enten Hamburg*	Werner und Kerstin Wulf Bekassinenau 130 D 2000 Hamburg 73 Telefon 0 40/6 47 74 82	2 CV-Club Entenküken	Paul Orzessek Schopenhauer Straße 6 3500 Kassel
Entenclub 2 CV Rubber-Duck Hamm e.V.*	Hannelore Brüggemann Juffernbuscherstraße 76 4700 Hamm 3 Telefon 0 23 81/46 10 04	DS-Club Deutschland e.V.	Gerhard van Ackeren Rosenstraße 11 7640 Kehl-Bodersweier Telefon 0 78 53/84 96
2 CV-Club Hamm* + Citroën-Veteranen-Club e.V. Bezirk 3 (Westfalen/Münsterland)	Jürgen Czajkowski Haedenkampstraße 22 4700 Hamm 3 Telefon 0 23 81/40 41 42	Citroën-Veteranen-Club e.V. (Public Relations)	Dr. Jürgen Helten Hermeskeiler Straße 10 5000 Köln 41 Telefon 02 21/43 58 43
Citroën-Veteranen-Club e.V. Bezirk 6 – 1 (Hessen)	Johannes Klutz Lothringer Straße 11 6450 Hanau 1 Telefon 0 61 81/2 28 61	KEC – Kölner Enten-Club*	Paul und Angelika Moritz Lindenthalgürtel 73 5000 Köln 41 Telefon 02 21/4 30 12 97
2 CV-Club Heilbronn	Thomas Feeser Allensteiner Weg 26 7100 Heilbronn Telefon 0 71 31/4 64 20	2 CV-Club Konstanz	Christian Schellhammer Steinstraße 14 7750 Konstanz
		Citroën-Veteranen-Club e.V.	Gerhard Brunnmüller Industriestraße 14 8560 Lauf a. d. Pegnitz

Citroën-Veteranen-Club e.V. (Schriftführerin)	Gisela Kuntze Humboldtstraße 11 7022 L.-Echterdingen 2 Telefon 07 11/79 20 55	Erpel-Club Menden*	Dietmar Nowodworski Eichendorffstraße 5 5750 Menden 1 Telefon 0 23 73/6 11 48
Ostsee-Erpel-Club	Reinhard Goldbach Königsberger Straße 1 2432 Lensahn	Enten-Club Heuberg*	Anton Merbach Friedrich-List-Straße 38 7475 Meßstetten
2 CV-Club Allgäu	Dieter Moosbrugger Wilhelmstraße 5/1 7970 Leutkirch Telefon 0 75 61/64 07	Entennest Mühlheim*	Wolfgang Schuh Friedrich-Ebert-Straße 68 4330 Mühlheim Telefon 02 08/47 81 42
TAVIG – Traction Avant Interessengemeinschaft	Werner Basner Nikolaus-Gross-Straße 7 5090 Leverkusen Telefon 02 14/5 21 24	Münchner 2 CV-Citroën-Club	Torsten Butz-Robold Josephsburgstraße 57 8000 München 80
Rubber-Ducks Siegburg*	Uwe Kuhlbach Krebsauler Straße 64 5204 Lohmar 21 Telefon 0 22 06/8 11 23	2 CV-Club Münster	Thomas Franz Diepenbrockstraße 34 4400 Münster Telefon 02 51/66 18 31
Enten-Club Lübeck*	Dirk-Holger Romeiks Rudolf-Groth-Straße 12 2400 Lübeck Telefon 04 51/6 30 81	Clan KG*	Frank Mai Klinkkampweg 28 4400 Münster-Hiltrup
Citroën-Veteranen-Club e.V. Bezirk 7–1 (Baden-Württemberg)	Udo Ohler Favoritegärten 51 7140 Ludwigsburg Telefon 0 71 41/2 48 72	Citroën-Club Münster*	Hans Terhaer Rüpingstraße 16 B 4400 Münster Telefon 02 51/79 15 64
Traction Avant Hanauer Entenfreunde*	Uli Weis Schöne Aussicht 8 6457 Maintal 1 Telefon 0 61 81/4 66 88	Entenclub Neustadt/Weinstr.	Claus Köhler Weinstraße 178 6730 Neustadt/Weinstr. 19 Telefon 0 63 21/34 78
André Citroën-Club	Ulrich Brenken Draiser Straße 89 6500 Mainz 21 Telefon 0 61 31/3 56 69	French Connection*	Rainer Kreysa Bohrerstraße 5 8721 Niederwerrn Telefon 0 97 21/4 88 95
Kurpfälzer Entenquaker*	Rüdeger Nordtmann Rheinauer Ring 256 6800 Mannheim 81 Telefon 06 21/89 35 05	2 CV-Club Pforzheim	Manfred Kling Bergstraße 31 7532 Niefern Telefon 0 72 33/60 84
2 CV-Club Ententainer Marl*	Otto Jeromin	Die Kirschblütler	Gerlind Winter Fischerhof 19 A 2152 Nottensdorf Telefon 0 41 63/44 01
Erpel Airbus Company*	Frank A. Ahrweiler Lindenstraße 31 4005 Meerbusch 2 Telefon 0 21 59/58 80	2 CV-Jupp-Club Nürnberg	Uwe Pätzhold Schweppermannstraße 74 8500 Nürnberg 10 Telefon 09 11/36 34 27
Meckenheimer Ententreiber*	Erich Schmitz Amselweg 12 5309 Meckenheim	Entenfamilie Nürnberg	Wolfgang A. Weber Krottenbacher Straße 28 8500 Nürnberg 60 Telefon 09 11/6 48 42 47

Äntenstammtisch Oberhausen*	Martha Schreiber Landwehr 25 4200 Oberhausen 1 Telefon 02 08/80 91 96	CCS – Citroën-Club Siegerland	Harald Puchberger Achenbacher Straße 343 5900 Siegen
2 CV-Club Oldenburg	Thomas Collin Brookweg 71 A 2900 Oldenburg Telefon 04 41/68 22 28	Citroën-Veteranan-Club e.V. Bezirk 5 (Siegen/Göttingen/Kassel)	Hermann Plate Echostraße 12 5900 Siegen 31 Telefon 02 71/38 15 40
Citroën-Club Köln*	Reinhard Hofmann Wiesengrund 2 5063 Overath Telefon 0 22 06/48 48 + 13 51	Citroën-Club Nestflüchter Solingen*	Dirk Oberbahnscheid Klommenberg 14 5650 Solingen Telefon 02 12/31 50 83
Citroën-Veteranen-Club e.V. Bezirk 7 – 2 (Baden)	Michael Rupalla Mittlere Straße 5 7801 Pfaffenweiler	The Flying-Ducks Solingen*	Robert Szczepanek Hermann-Löns-Weg 34 5650 Solingen 19 Telefon 02 12/7 74 12
Triebenten Ratingen*	Christian Dubiel Bahnhofstraße 70 4030 Ratingen 6 Telefon 0 21 02/6 94 78	Citroën-Club Aurich*	Johann Meyer Emder Straße 50 2963 Südbrookmerland 2 Telefon 0 49 42/31 33
Citroën-Club Rhein-Ruhr e.V.*	Guntram Bergmann Steimelerstraße 12 5226 Reichshof-Obersteimel Telefon 0 22 65/82 64	Entenclique '83 Koblenz*	Uwe Spitzley Auf dem Hostert 42 5441 Trimbs Telefon 0 26 54/23 73
Hell's Erpel Rheine*	Bruno Schwegmann Burgsteinfurter Damm 300 4440 Rheine Telefon 0 59 75/32 10	Döschwo-Clan Überlingen	Siegfried R. Schöpfer Heinrich-Emerich-Straße 26 7770 Überlingen
2 CV Entente Rodgau*	O. Müller Ernst-Reuter-Straße 31 6954 Rodgau 5 Telefon 0 61 06/69 52 15	2 CV-Club Varel	Hans Rosenboom Amselstraße 6 2930 Varel 1 (Friesland) Telefon 0 44 51/60 35
Happy Ent's Saarbrücken	Wolfgang Faul Schmollerstraße 12 A 6600 Saarbrücken Telefon 06 81/3 64 82	2 CV-Fliegerclub Dinslaken*	Jürgen Ehlers Krappenstraße 11 4223 Voerde Telefon 0 28 55/68 02
Citroën-Veteranen-Club e.V. Bezirk 6–2 (Saarland)	Albert Rosche Im Kieselhumes 6–8 6600 Saarbrücken 3 Telefon 06 81/6 15 54	2 CV-Club Gifhorn*	Michael Niederstraßer Triftkamp 12 3171 Vollbüttel Telefon 0 53 73/62 39
Entenstall Holsteinische Schweiz*	Rainer Behrends Zum Ehrenhain 36 2308 Schellhorn Telefon 0 43 42/8 12 24	2 CV-Freunde Waiblingen*	Gerhard Weiß Silcherstraße 53 7050 Waiblingen Telefon 0 71 51/5 54 93
Entenclub Schwarzwald*	Eugen Hör jr. Sommerbergstraße 19 7745 Schonach Telefon 0 77 22/53 34	2 CV-Club „Elias Erpel"	Tommy Pierdzioch Postfach 16 40 7890 Waldshut 1 Telefon 0 77 51/69 61
		Döschwo-Club Dreiländereck	Paul Fritz Karsthölzlestraße 13 7858 Weil am Rhein

Rolldach Citroëner Darmstadt	Oliver Goll Im Wasen 10 6108 Weiterstadt	2 CV-Club Bergisch Land*	Rüdiger Kurth Breite Straße 36 5600 Wuppertal 21 Telefon 02 02/4 67 00 81
Wadögei*	Peter Wenk Birkenweg 6 6108 Weiterstadt Telefon 0 61 51/89 13 10	2 CV-Club Schwebebahn	Wolfgang Stückemann Wittener Straße 163 5600 Wuppertal 2 Telefon 02 02/66 00 36
2 CV-Club Wesel*	Axel Dudda Eschenweg 17 4230 Wesel 13 Telefon 02 81/5 33 69	1. Deutscher Combi-Camp 2 CV-Club*	Thomas Bron Scholtenstraße 10 4232 Xanten 1 Telefon 0 28 01/47 12
2 CV-Club Büderich*	Hermann-Josef Gardemann Schützenstraße 15 4230 Wesel 14 (Büderich) Telefon 0 28 03/42 90		
Entenschwarm Wiesbaden	Ernst Fierlinger Adlerstraße 16 6200 Wiesbaden Telefon 0 61 21/5 14 27	Citroën-Club Dänemark	Torben Steenberg St. Bredlundvej 2 Vrads DK – 8654 Bryrup
Citroënchen	Klaus Otto Brunnenweg 11 6200 Wiesb./Breckenheim Telefon 0 61 22/1 42 27	Traction Avant Nederland Redaktie „Traksjon"	Wouter Jansen Postbus 180 NL – 3720 AD Bilthoven
2 CV-Club Gäu	Jack Sütterlin Untere Straße 16 7277 Wildberg 5 Telefon 0 70 54/75 36	Citroën HY Team Holland	Wil Klaassen Polderstraat 17 A NL – 3074 XG Rotterdam Telefon 0 10/84 97 82
Zwo Zeh Vau Schlicktown*	Thomas Bossemeyer Kniprodestraße 74 2940 Wilhelmshaven Telefon 0 44 21/50 13 87		Olga und Fred Langhorst Provenierssinel 43 A NL – 3033 Rotterdam Telefon 0 10/66 30 39

*2 CV- und Citroën-Clubs im CCRR e.V.

Enten aus aller Welt

Beach-Ente.

Ente mit Entenanhänger.

Verglaste Ente.

Büro-Ente.

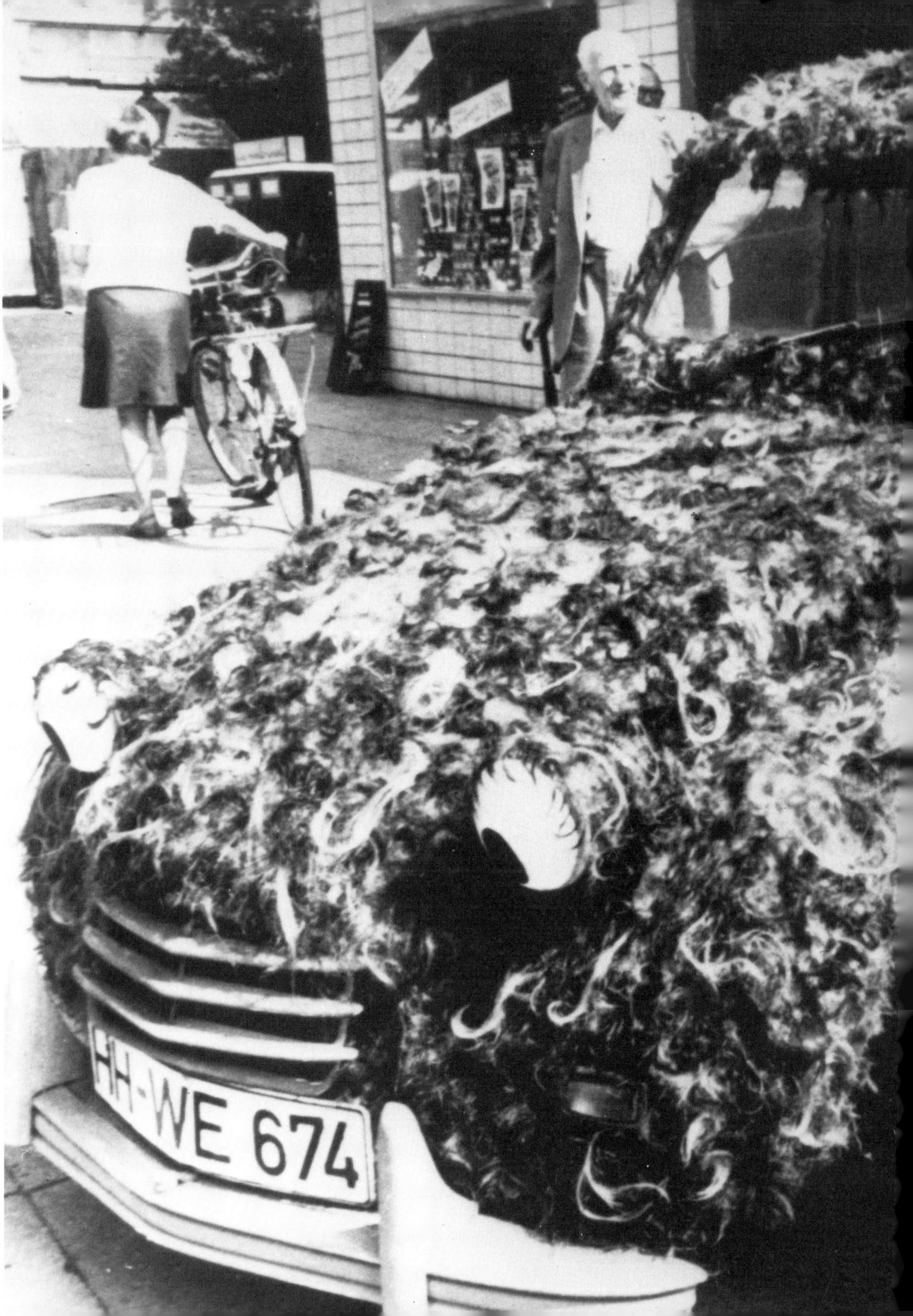
HH-WE 674

Woll-Ente, nicht leicht zu pflegen, aber dafür sehr rar.

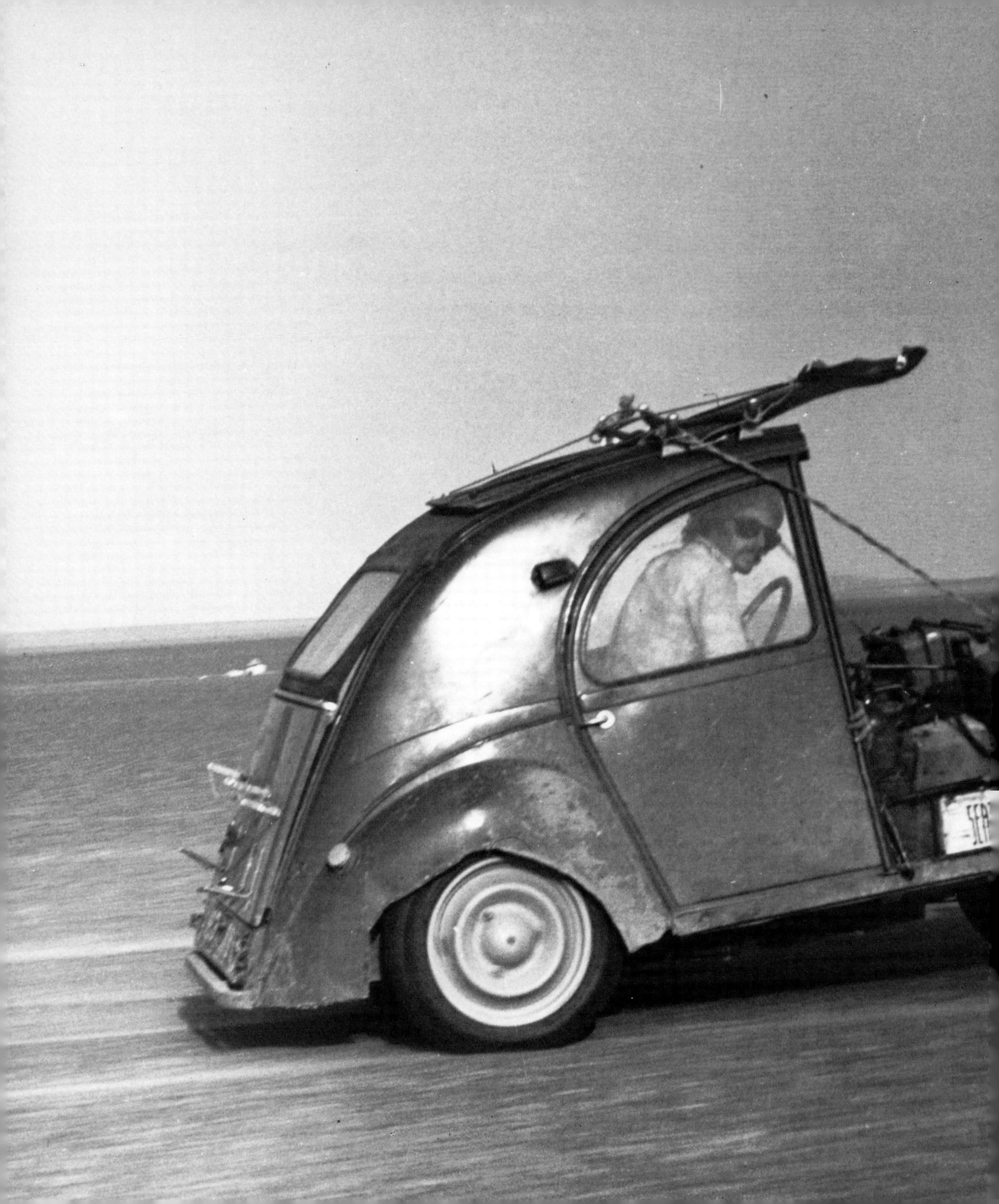

Wüsten-Ente: Mit diesem halbierten 2 CV durchquerten 1967 zwei junge Franzosen die Sahara.

Schwimm-Ente, ausnahmsweise von KS (Kanu-Stärken) gezogen.

Wiener Scherz-Ente mit lenkbaren Hinterrädern.

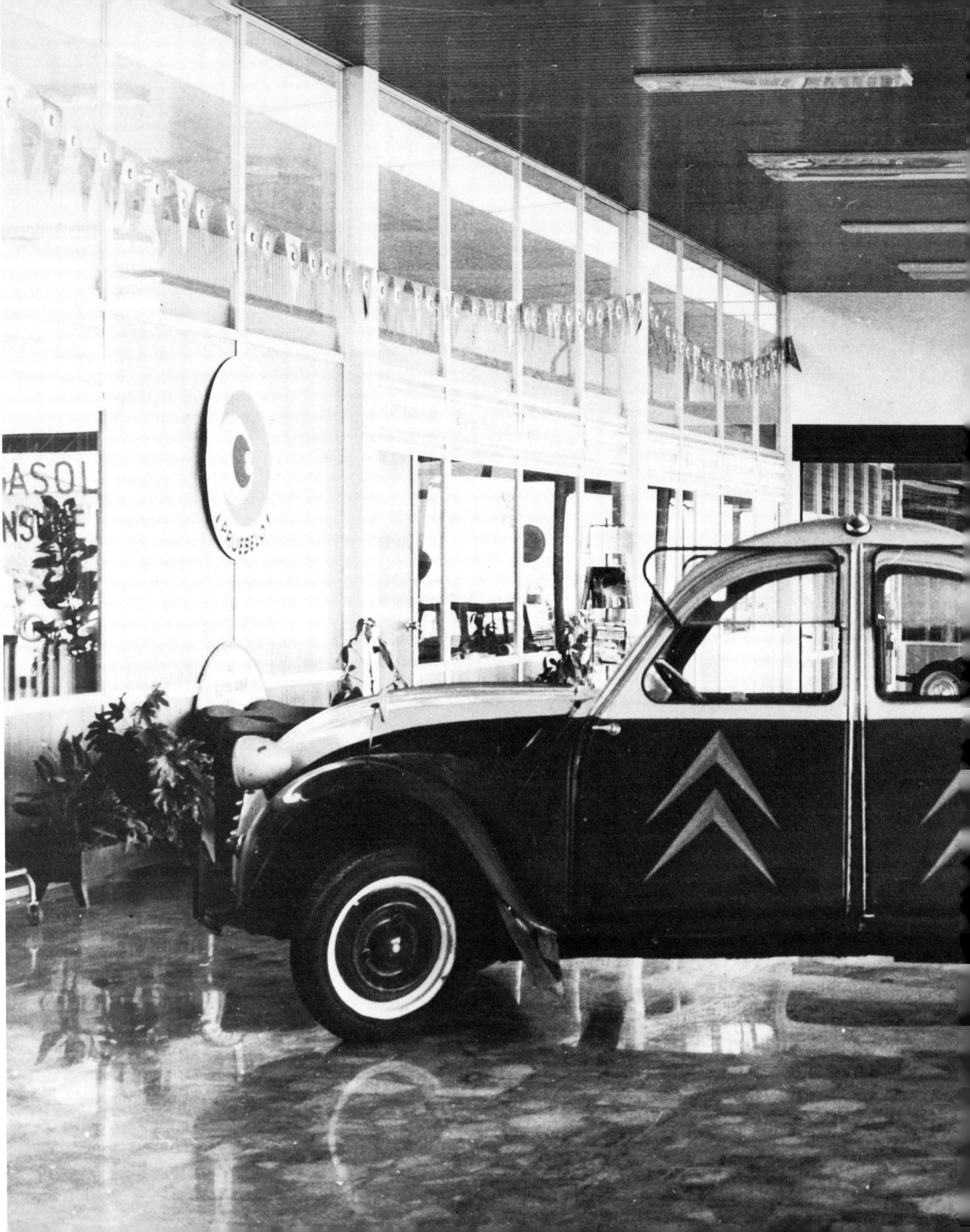

Janus-Ente: Einzelstück eines Händlers mit zwei Motoren und zwei Lenkrädern. Problem: Wer bestimmt die Richtung?

Flug- und Spoiler-Enten: Ob Ausstattungen dieser Art berechtigt waren, wagen die Stylisten des Hauses zu bezweifeln.

140

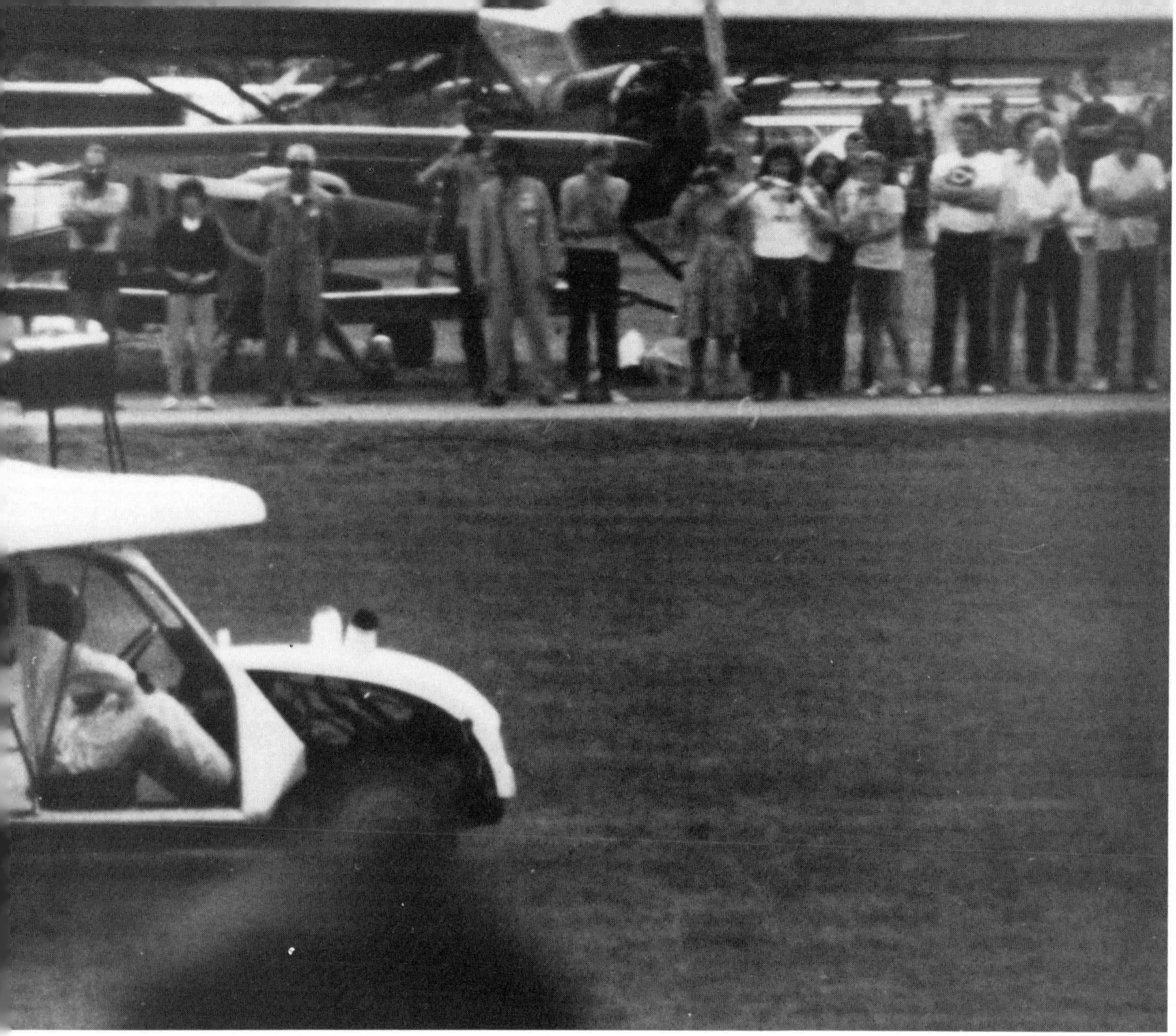

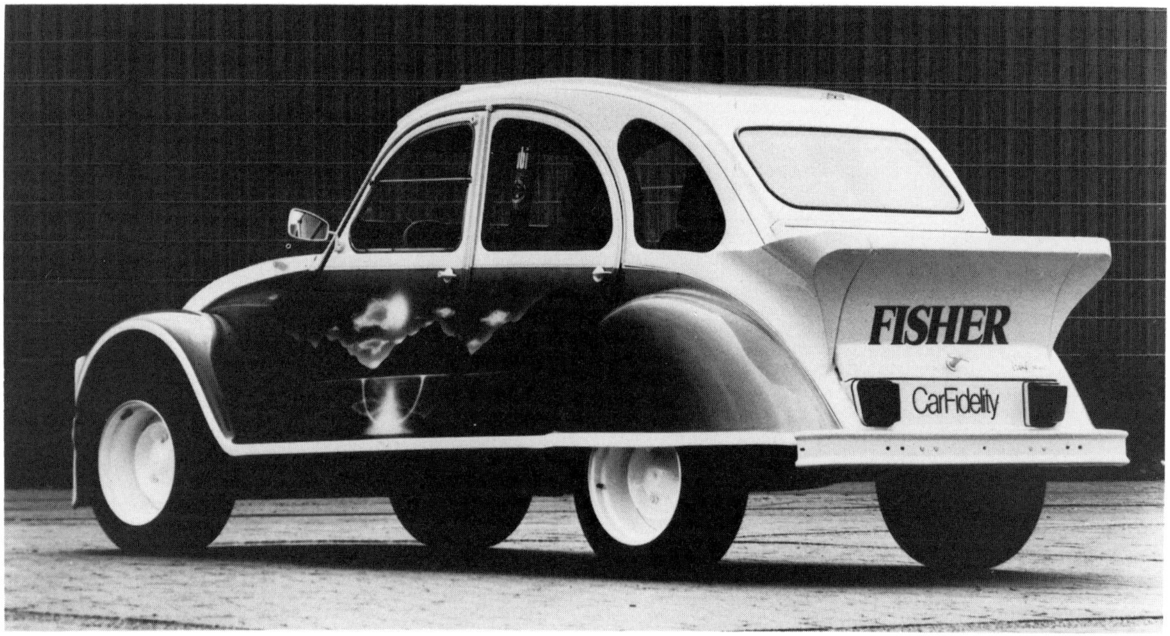
FISHER
CarFidelity

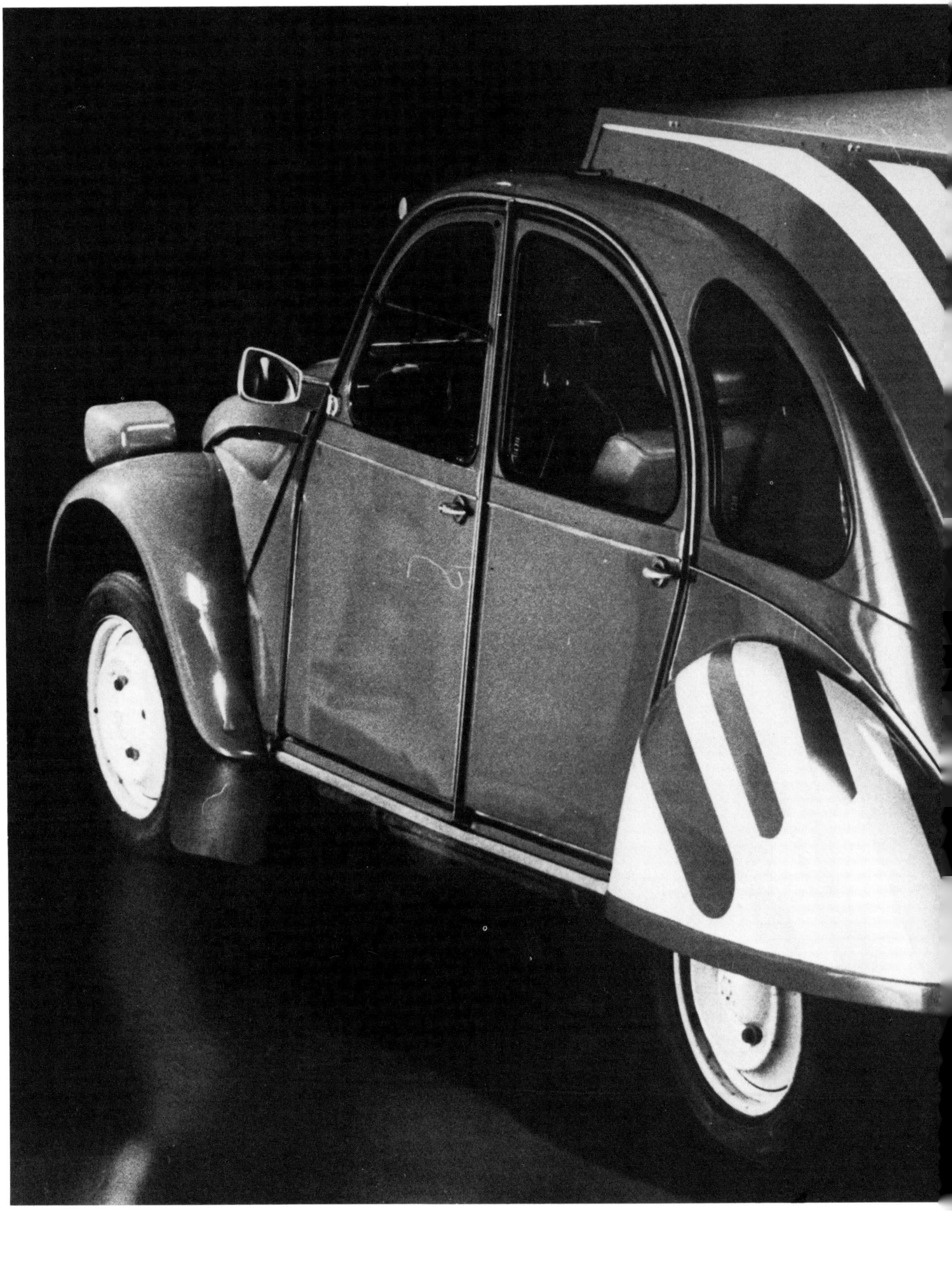

Wohn-Ente: Mit Aus- und Umbauten dieser Art erlebten viele 2 CV-Fahrer Ferienfreuden in aller Welt.

Karikaturen

avoine

146

avoine

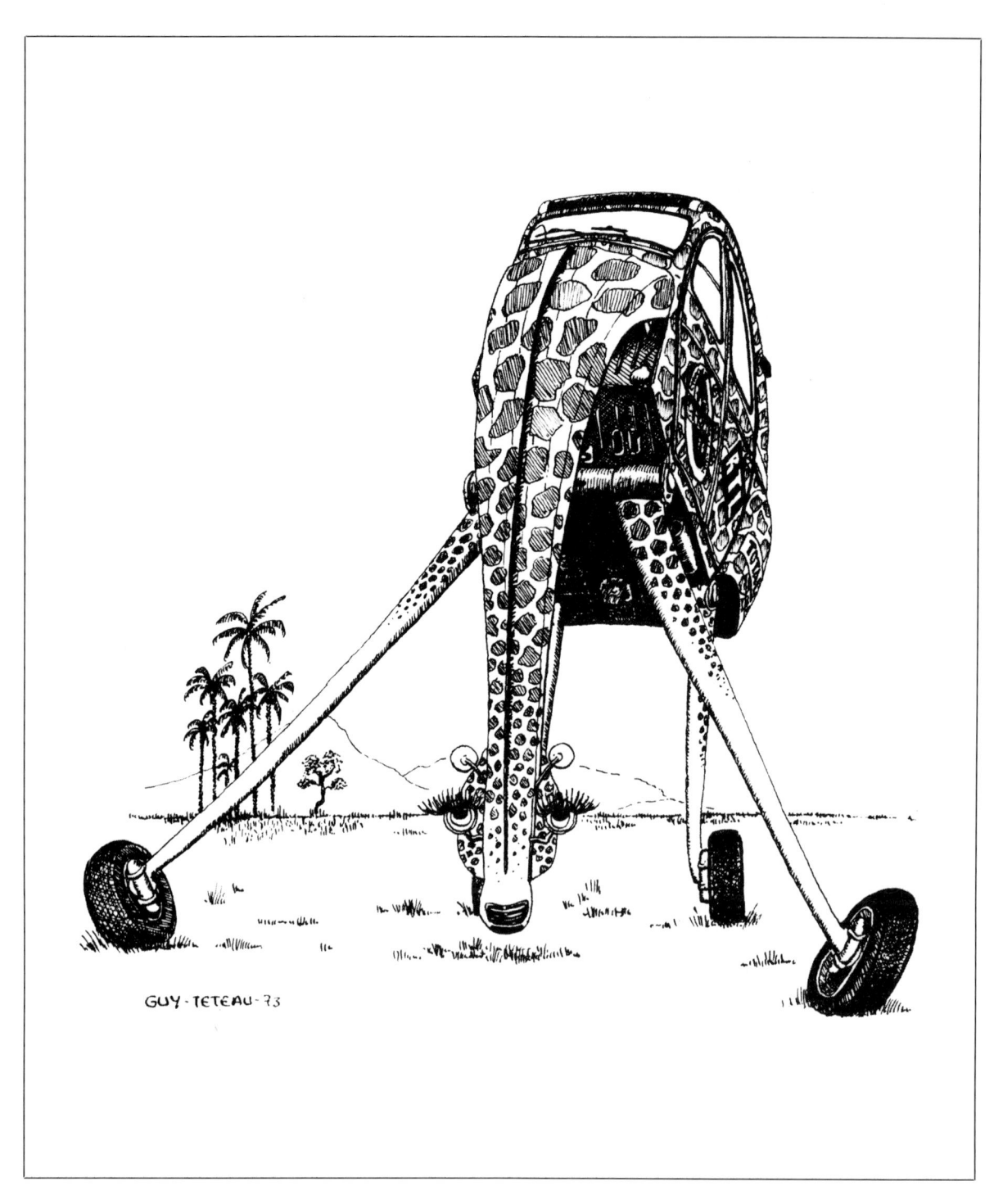

GUY-TETEAU-73

149

GUY TETEAU - 73

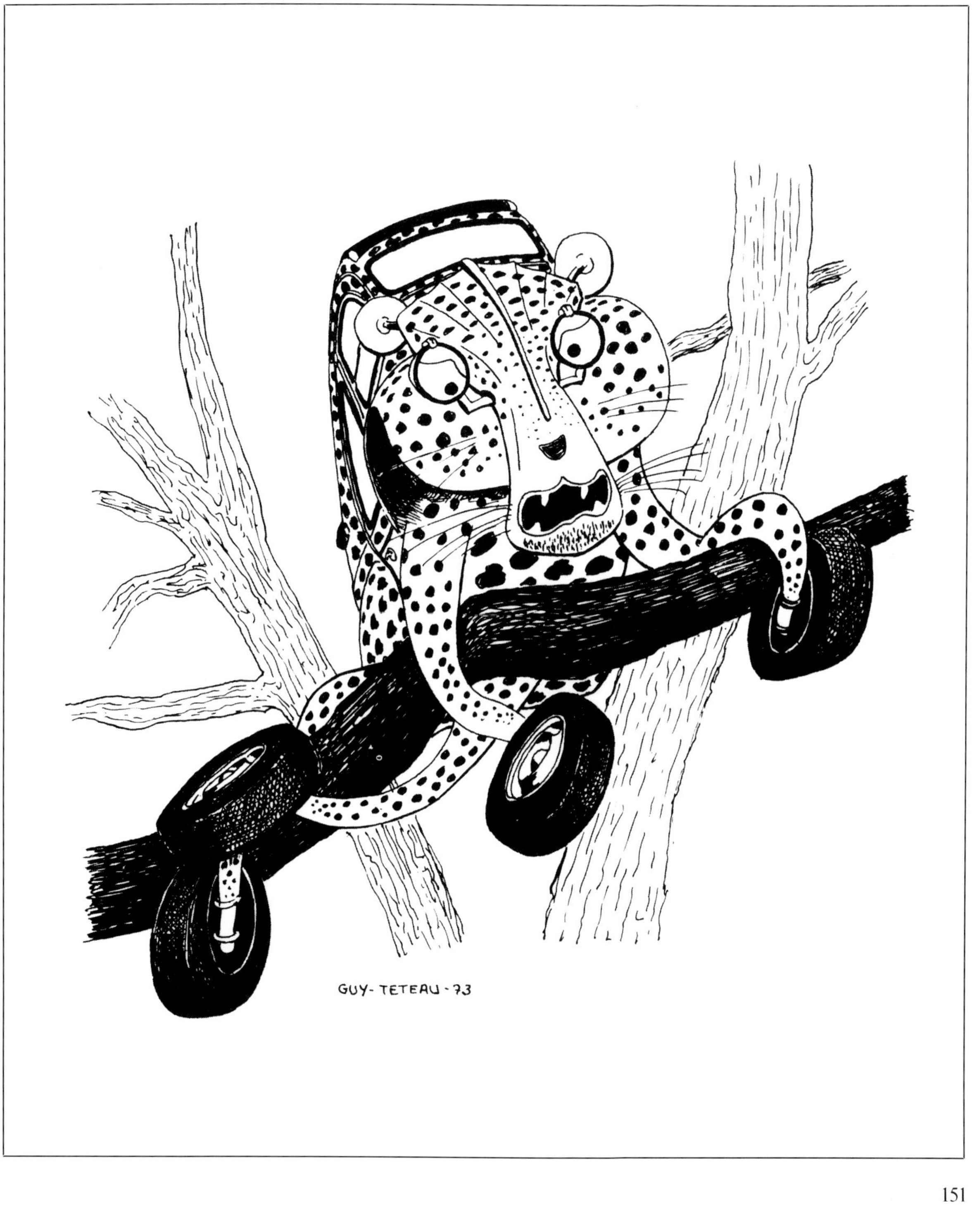
GUY-TETEAU-73

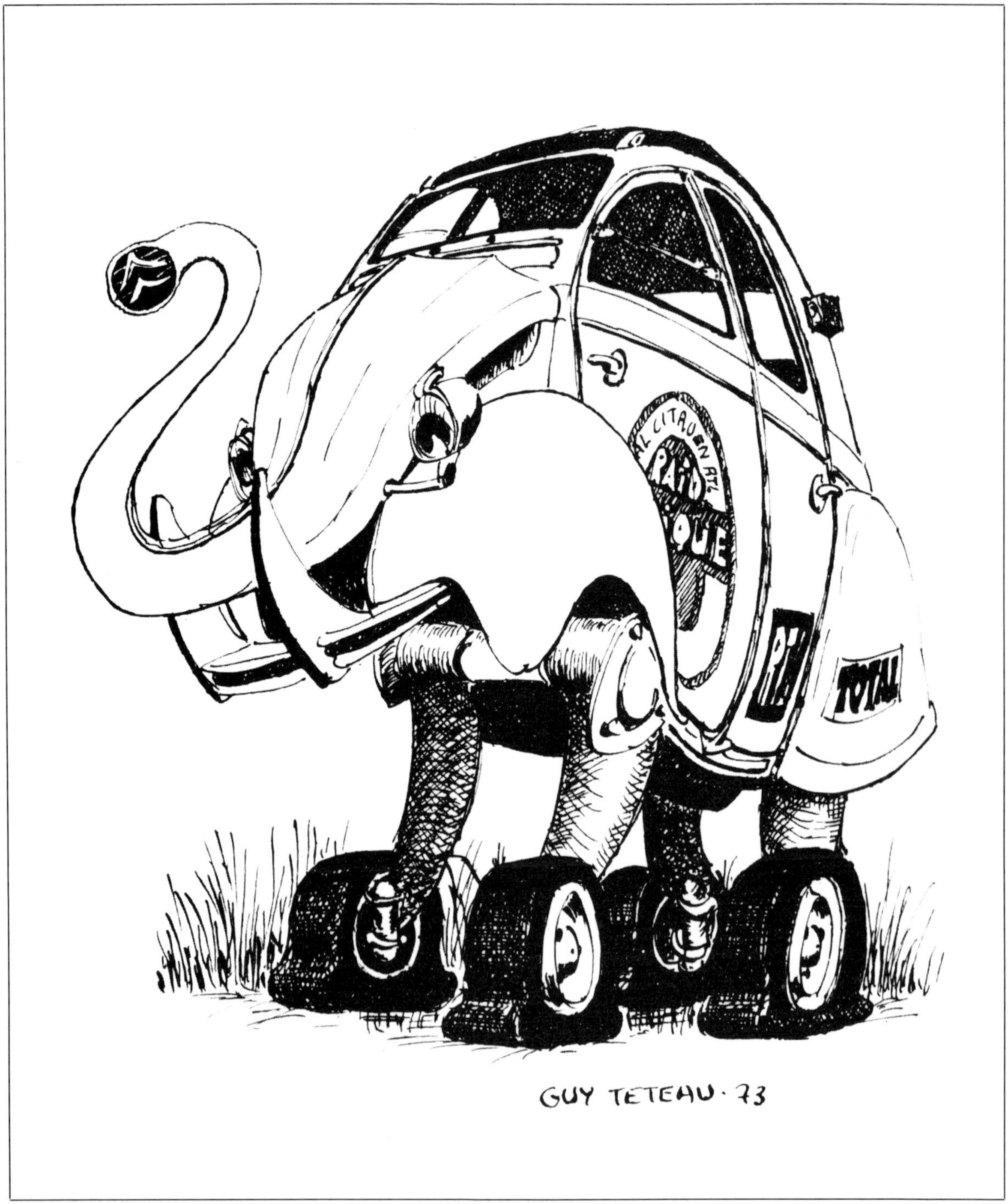
TOTAL
GUY TETEAU · 73

153

Gauloise-Enten

Alljährlich verlost die Firma Gauloise fünf verschiedene Enten-Umbauten: Hier eine weitere Auswahl davon.

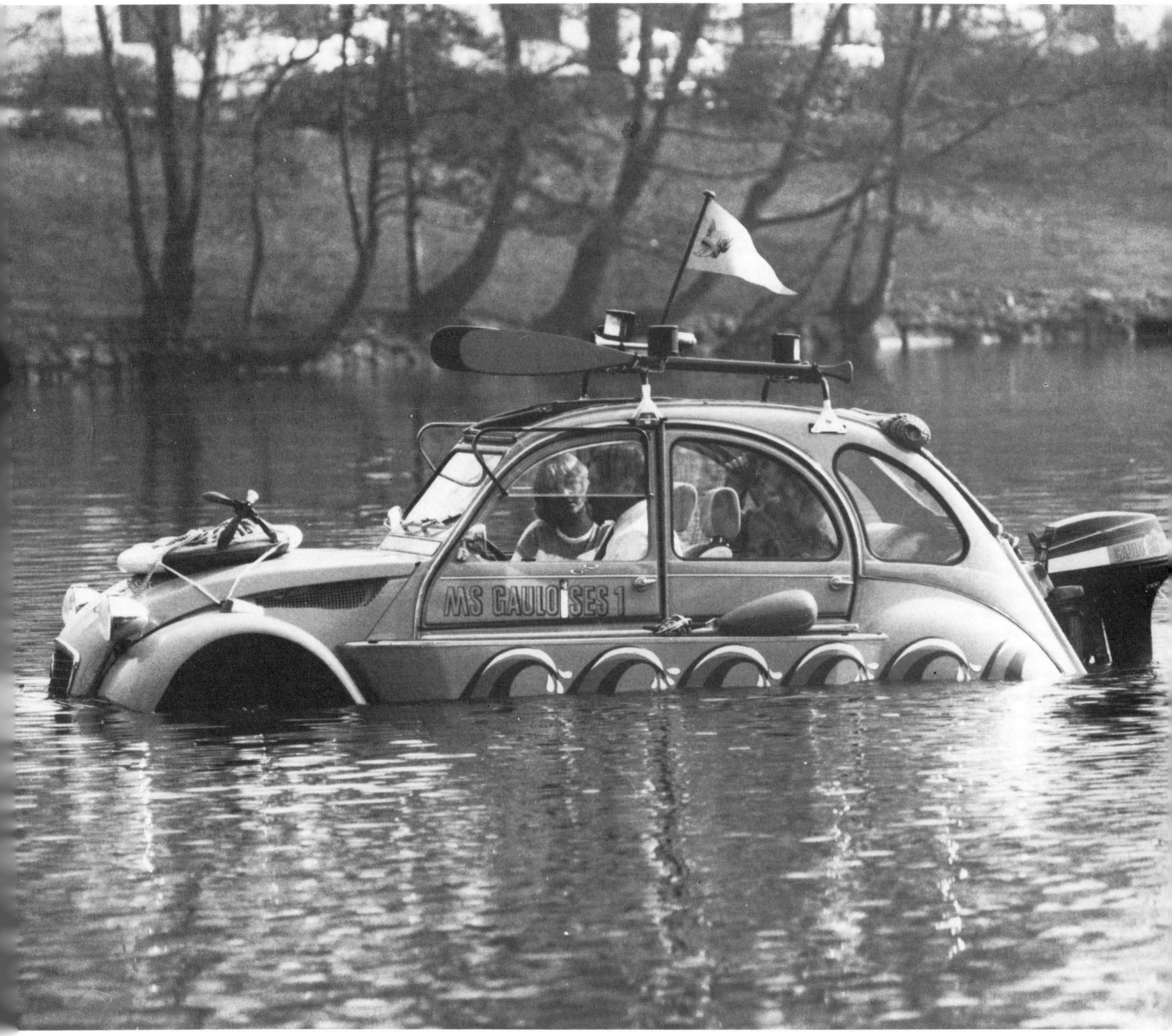
MS GAULOISES 1

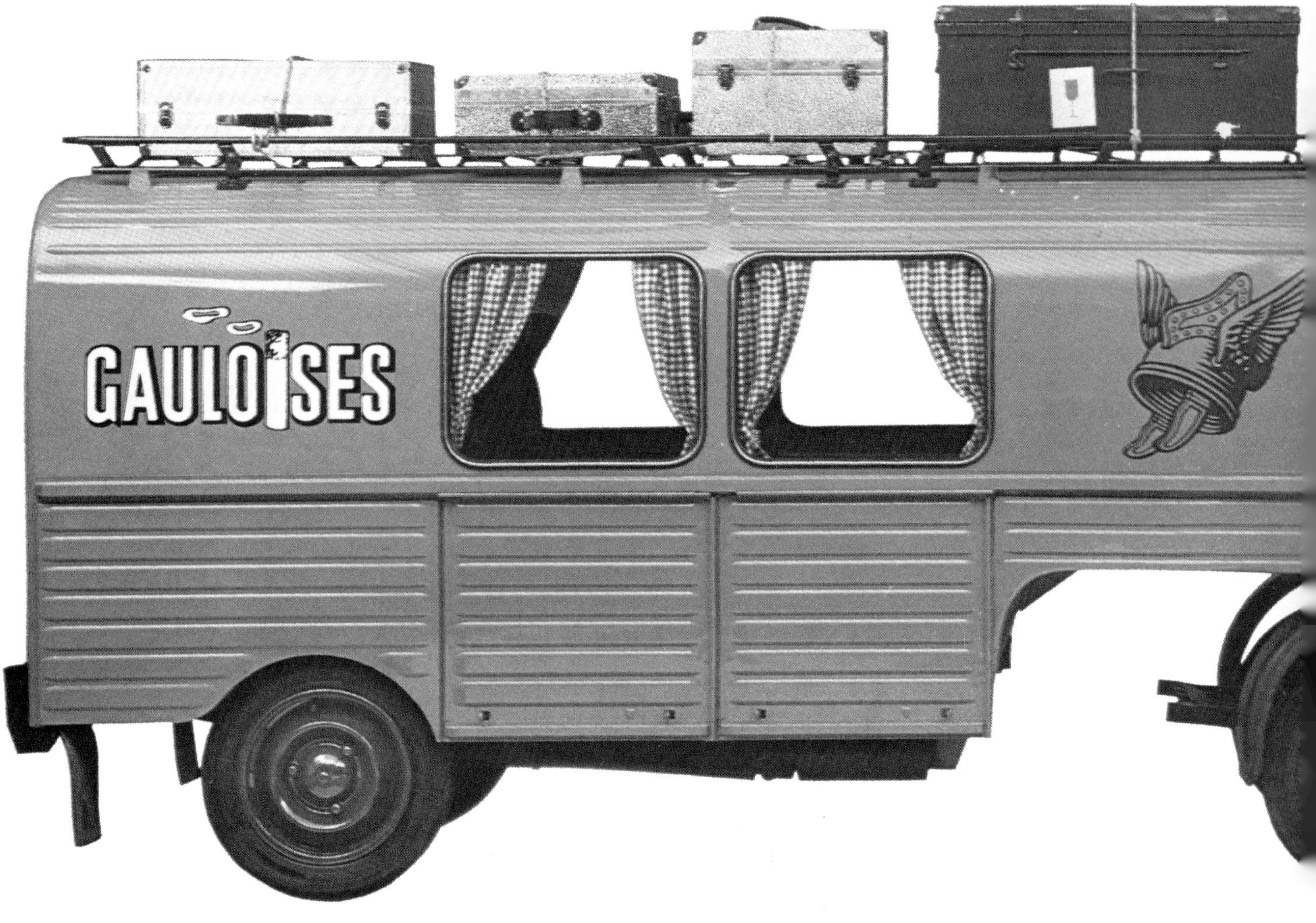
GAULOISES

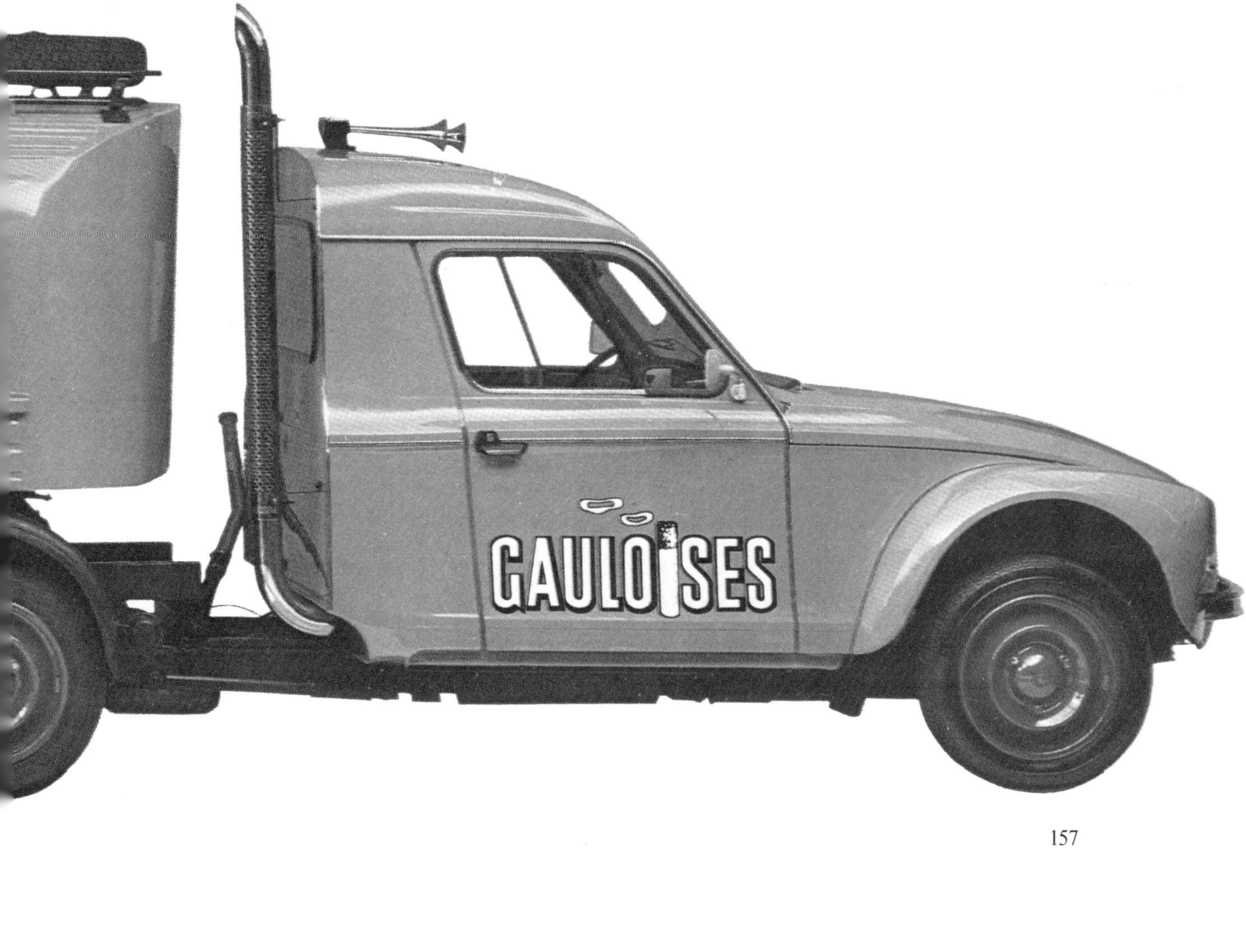
GAULOISES

Auch James Bond nutzte die hervorragende Straßenlage des 2 CV in dem Film »For your eyes only«. Es war übrigens ein stärkeres Triebwerk der Dyane montiert.

No one comes close to JAMES BOND 007

ALBERT R. BROCCOLI presents
ROGER MOORE
as IAN FLEMING'S
JAMES BOND 007
in FOR YOUR EYES ONLY
Starring CAROLE BOUQUET • TOPOL • LYNN HOLLY JOHNSON • JULIAN GLOVER
Directed by JOHN GLEN • Produced by ALBERT R. BROCCOLI
Screenplay by RICHARD MAIBAUM and MICHAEL G. WILSON • Executive Producer MICHAEL G. WILSON

United Artists
A Transamerica Company

COMING THIS SUMMER

Die Dragster-Ente

Die schnellste Ente ist zweifellos die »Wildente«, mit der Enrico Anthes die 1/4 Meile in 9,37 Sekunden erreicht. Basis dieser Dragster-Ente ist ein 5,1-Liter-Chevy-V8-Motor mit 650 PS. 400 Meter nach dem stehenden Start ist dieser Wagen bereits 240 km/h schnell.

Basteleien

Citroën hat, von einem tatkräftigen Pressechef unterstützt, immer neue Aktionen gestartet, um dem 2 CV zu noch mehr Popularität zu verhelfen. Neben den bereits beschriebenen Reisen und Cross-Rennen brachten vor allem die Bastel-Wettbewerbe viel Publicity. Sie zeigten aber auch viel handwerkliches Können und Einfallsreichtum.

Wasserschlacht im Enten-Teich

Eine Ente im Wasser – eigentlich die natürlichste Sache der Welt würden Sie sagen? Weit gefehlt. Die Ente, von der hier die Rede ist, mußte erst gut 35 Jahre alt werden, bevor sie die Furcht vor dem nassen Element überwand und sich scharenweise in die Fluten stürzte. Sicher, in Einzelfällen hatte es hie und da ganz wagemutige Exemplare dieser Spezies gegeben, die sich nach entsprechend sorgfältigen Vor- und Umrüstungen vom festen Ufer entfernten, um gemächlich über einen See zu dümpeln – aber das war's dann auch schon.

Abhilfe schaffte da erst der 25jährige Belgier Marcel Vanderheyden, der 1983 den ersten „Internationalen Schwimm-Enten-Wettbewerb" ausschrieb. „Eine echte

Ente muß auch schwimmen können", sagte sich der junge Mann aus Lüttich und ließ der These die Tat folgen: Am 4. September 1983 war es soweit, insgesamt neunzehn 2 CV's gingen an den Start und kämpften auf der Meuse bei Hermalle-sous-Argenteau um feuchten Lorbeer.

Das Reglement war klar wie Quellwasser: Der von Wendemarke zu Wendemarke 800 Meter lange Parcours mußte in eineinhalb Stunden so oft wie möglich umrundet werden. Mitmachen durften nur 2 CV's und ihre direkten Verwandten wie Dyane und Mehari. Ob sie nun direkt den Bauch ins Wasser hingen, Flöße, Pontons oder leere Benzinkanister unterschnallten, das blieb egal. Hauptsache, sie huldigten nicht nach den ersten Metern

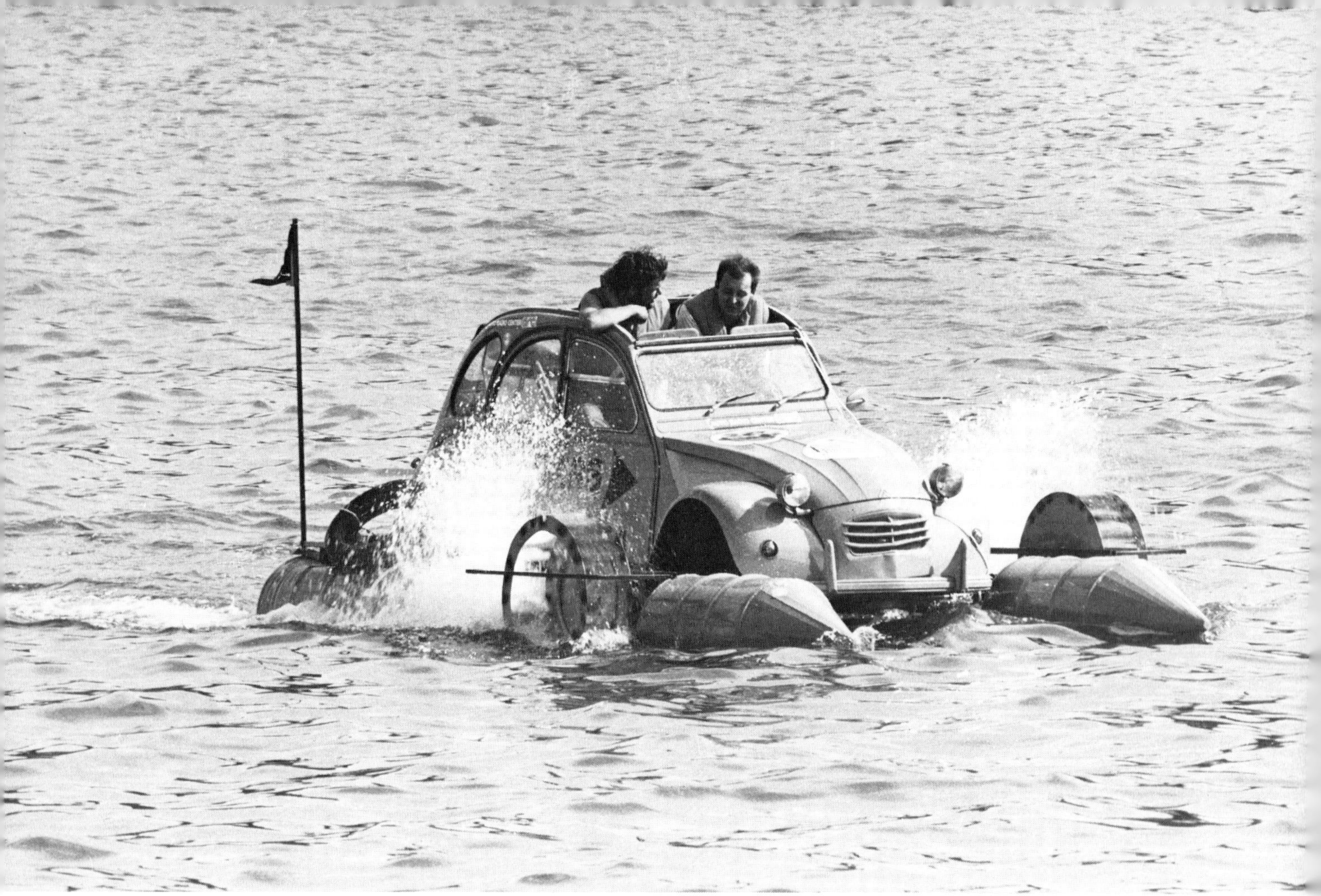

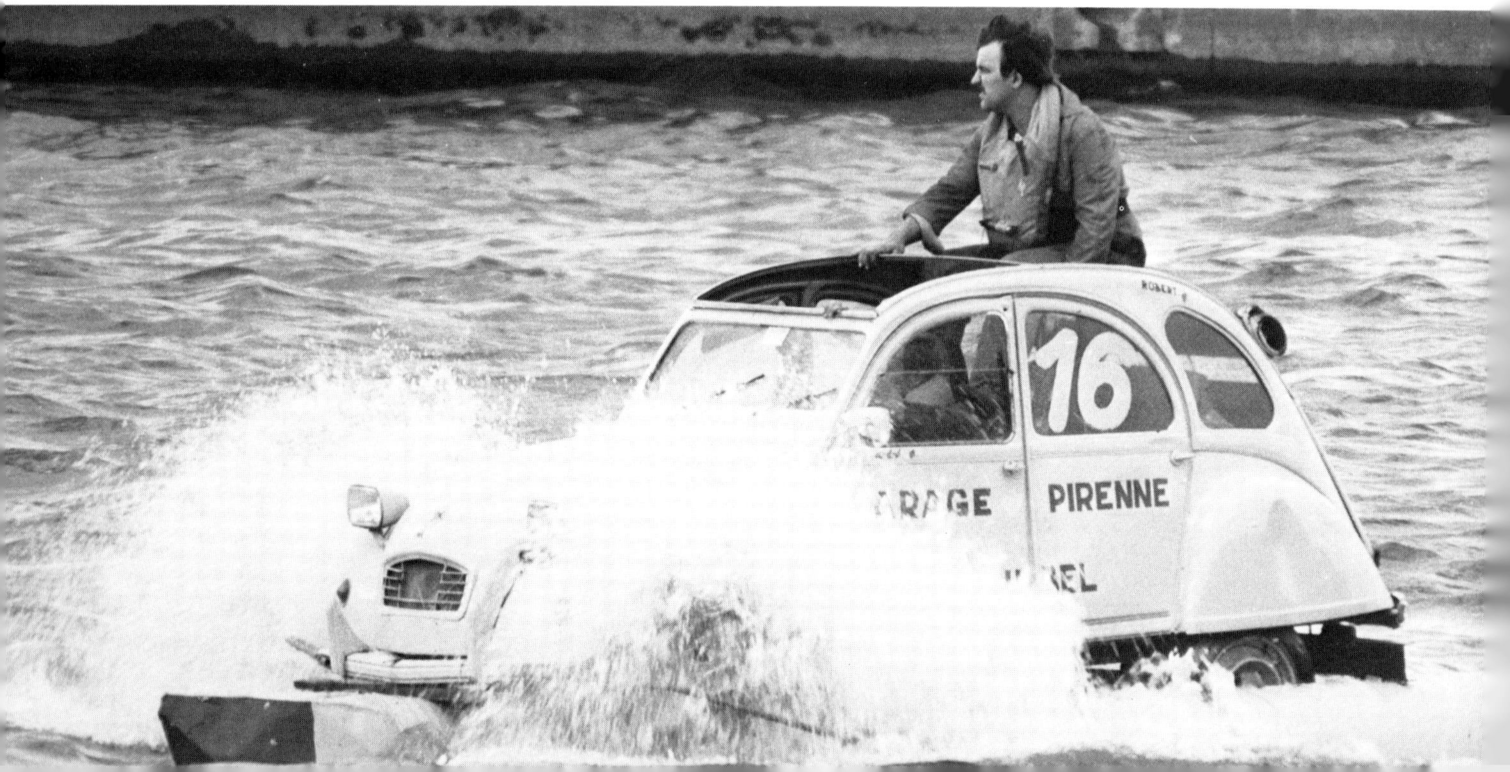
16
PIRENNE

dem wohlbekannten Liedtext: „Köpfchen in das Wasser, Schwänzchen in die Höh' ".

Eindeutig vorgeschrieben war dagegen: alle Schwimm-Enten dürfen nur von ihrem eigenen Motor angetrieben werden. Wie die Leistung ins Wasser gebracht wurde, überließ man dagegen wieder jedem Enten-Piloten selbst.

Von der normalen Motorbootschraube, die über Umlenkwellen unter dem Entenbürzel rotierte, bis hin zu waghalsigen „Raddampfer-Konstruktionen" war alles auf der Meuse vertreten. Ein besonders pfiffiger Belgier hatte für dieses Rennen sogar die Reifen von den Vorderrädern seiner heißen Renn-Ente entfernt und an die Felgen Schaufeln geschweißt – die angetriebenen Vorderräder ins Wasser gehängt und ab ging die Post...

Während bei den Zuschauern am Ufer kein Auge trokken blieb, als die schon recht eigentümlich herausgeputzten Blech-Enten so über den Fluß „brausten", holten sich die mutigen Kapitäne kräftig nasse Füße. Trotz aller Abdichtungsversuche schwappten die Wellen in so manchen Innenraum und sorgten für eine ungewollte Grundreinigung. Tröstlich für den Sieger: als Trophäe wartete ein nagelneuer 2 CV (trocken) am Ufer, den schließlich ein belgischer Schaufelradentenkapitän in Besitz nehmen konnte. Er hatte die Rennstrecke nach etlichen Zweikämpfen mit und gegen den Strom im Rückwärtsgang am häufigsten hinter sich gebracht!

Die Wasserschlacht in der Nähe von Lüttich hat nun endlich bewiesen, daß Enten nicht nur – ganz artuntypisch – durch die Wüste watscheln können...

Die letzte Seite

„Hallo, Süße! Wie wär's mit 'ner Sause mit Brause in meinem Schnuckel-Entchen?"

Citroën in Wort und Bild

Reparaturanleitungen für den Citroën 2 CV

Der technisch versierte Autofahrer, der größere Arbeiten an seinem Wagen durchführen will, benötigt die betreffende Reparaturanleitung. Mit exakten Daten und Meßwerten. Mit detaillierten Angaben und instruktiven Abbildungen.

Band 260 umfaßt die Baujahre bis 1975

Band 340 behandelt die Baujahre von 1975 bis Sommer 1979.

Band 260: 2 CV/6 bis Herbst 1975 **DM 28.–**

Band 340: 2 CV/6/Dyane 1975–1979, **DM 28.–**

Jetzt helfe ich mir selbst

Dieser Band ist für den Laien gedacht, der bestimmte Reparatur- oder Service-Arbeiten an seinem 2 CV selbst ausführt. Entsprechend übersichtlich sind die Illustrationen. Unentbehrlich auch das Stichwort-Verzeichnis.

Band Nr. 12
für Citroën 2 CV alle Modelle, 232 Seiten, 158 Abbildungen, Schaltplan, Störungstabellen, **DM 25.–**

Fabien Sabates

Der klassische Citroën

Das Auto der Playboys, Künstler und Ganoven

Der klassische Citroën der 30er Jahre, so wie man ihn auch noch in den 40er und 50er Jahren erleben konnte. Ein ungewöhnliches Auto, das in verschiedensten Variationen Furore machte.

64 Seiten,
60 z. T. farb. Abbildungen,
gebunden, **DM 18.–**

Martin Breuninger

Alles über den Citroën 2 CV

Hier ist das Buch für den 2 CV-Fahrer! Der 2 CV ist noch immer ein aktuelles Auto. Und das, obwohl er seit über 35 Jahren gebaut wird. In dieser Zeit gab es über 1000 technische Änderungen. „Alles über den Citroën 2 CV" stellt vor, erläutert, erklärt, verrät Tricks in Hülle und Fülle.

296 Seiten, 104 Abbildungen, gebunden, **DM 29.–**

J. C. Baudot und J. Séguéla

Rund um die Welt im 2 CV

Über ein Jahr waren Jacques Séguéla und Jean-Claude Baudot in ihrem „häßlichen Entlein" auf Weltreise. Dabei bewältigten sie 100 000 Kilometer, durchquerten 4 Kontinente, 8 Wüsten und 50 Länder und verbrachten 350 Nächte im Freien. Ihr Auto hat sie nicht im Stich gelassen.

208 Seiten, 30 Abbildungen, gebunden, **DM 25.–**

Der Verlag für Autobücher
Postfach 1370 · 7000 Stuttgart 1

Motorbuch Verlag

UNABHÄNGIG.KRITISCH.ENGAGIERT.

auto motor und sport

Finnland fmk 17.-, Frankreich FF 22.-, G
Italien Lit 5.000, Luxemburg lfr 120.-, N
Schweiz sfr 5.-, Spanien Ptas 400.-

Jubiläums-
Preisausschr
**60 Jah
Nürbur**
Hauptgewinn
Porsche 924

Erster Test
Die Grenzen des W
Porsche

Erleben Sie auto motor und sport selbst. Kostenlos für Sie: 1 aktuelle Ausgabe von auto motor und sport zum Testen und ein wertvoller Reprint als Geschenk: Die Erstausgabe (1946) von »Das Auto«, aus der auto motor und sport entstand.

- Europas größtes Automagazin gibt es 2 mal im Monat auf über 200 starken Seiten.
- Mit harten Einzel- und Vergleichstests aller Klassen, aller Marken.
- Mit aktuellen Hintergrundberichten, Facts und News für aktive Autofahrer, die mehr wissen wollen.

Fordern Sie die kostenlose Ausgabe und Ihr Geschenk gleich an bei auto motor und sport, Leser-Service, Postfach 10 42, 7000 Stuttgart 1. Telefonische Bestellung: 0711/2043-224. BTX: 342001022.

Heuser, Mayer, Wunderman

Citroën. "2 cv 4 × 4" Sahara, 1961